TURING 图灵新知

U0666078

Js. Newton

ISAAC NEWTON
牛顿传

[美] 詹姆斯·格雷克 著
JAMES GLEICK

欧 瑜 译

人民邮电出版社
北 京

图书在版编目（CIP）数据

牛顿传 /（美）詹姆斯·格雷克著；欧瑜译. -- 北京：人民邮电出版社，2021.10

（图灵新知）

ISBN 978-7-115-56333-0

Ⅰ.①牛… Ⅱ.①詹… ②欧… Ⅲ.①牛顿(Newton, Issac 1642-1727)－传记 Ⅳ.①K835.616.11

中国版本图书馆CIP数据核字(2021)第078053号

内 容 提 要

在这本传记中，格雷克借助牛顿的重要信件和未出版的笔记，记述了这位科学界最伟大人物之一的生活经历、与他有关联的人物，以及对他产生影响的重要事件，并勾勒出他所处的历史时期的全貌。本书细究了牛顿思想的形成脉络，阐明了他在哲学、物理学、光学和微积分等方面的重大成果，展现了孕育"牛顿数学"的那个古老的、直觉的、炼金术的宇宙，彰显了牛顿思想如何从科学到哲学改变人类理解世界的形式。此外，作者生动地描绘了牛顿内心的矛盾冲动和人格的微妙之处。这位远见卓识的"伟人"和"怪人"的一生，与他所努力理解的宇宙一样非凡。

这本传记是诸多关于牛顿生平的著作中的经典名作，受到科学界和大众读者的喜爱和推崇。本书适合对牛顿生平以及数学、物理学、哲学和科学史感兴趣的读者阅读。

◆ 著　　　　　[美] 詹姆斯·格雷克

　　译　　　　欧　瑜

　　责任编辑　赵晓蕊

　　责任印制　周昇亮

◆ 人民邮电出版社出版发行　　北京市丰台区成寿寺路 11 号

邮编 100164　电子邮件 315@ptpress.com.cn

网址 https://www.ptpress.com.cn

固安县铭成印刷有限公司印刷

◆ 开本　880×1230　1/32

印张：9.75　　　　　　　2021 年 10 月第 1 版

字数：164 千字　　　　　2025 年 10 月河北第 12 次印刷

著作权合同登记号　图字：01-2018-4460 号

定价：79.80 元

读者服务热线：(010) 84084456-6009　印装质量热线：(010) 81055316

反盗版热线：(010) 81055315

46 岁的艾萨克·牛顿，戈弗雷·克内勒爵士创作的肖像画，1689 年

献给托比、伽勒布、阿什和威尔

我问他找谁做的这个东西，他说是他自己做的；我问他从哪儿找来的工具，他说是他做的，并笑着说："如果我等着别人帮我制作工具和其他东西的话，那我就什么也做不成了……"

见牛顿在去世前一年留下的回忆录，其中记录了他制作第一台反射望远镜的过程，由其外甥女的丈夫约翰·康杜特于 1726 年 8 月 31 日记录在备忘录中。Keynes MS 130.10。

目　录

图片目录

---

* 经英国剑桥大学委员会许可。

　　艾萨克·牛顿曾经说过，他因为站在巨人的肩膀上才得以看得更远，但他并不相信这一点。他出生在充满黑暗、蒙昧和迷信的世界，过着一种异常纯粹而执着的生活，没有亲朋和爱人，与相遇相识的贤人志士龃龉不断，还曾经不止一次濒临疯癫，对自己的工作秘而不宣。尽管如此，他对人类核心知识的发现却是古今无人能及的。他是现代世界的首席设计师。他解答了光和运动的古老哲学谜题，而且卓有成效地发现了引力。他告诉世人如何预测天体的运行轨迹，让我们得以确定自己在宇宙中的位置。他让知识具有了实质性的内容：定量且精确。他所创立的原理被称为牛顿定律。

　　孤独，是其天赋中的本质部分。他在青年时代就自学并重新发现了人类已知的大部分数学知识，之后发明了微积分——现代世界借以理解变化和流动的机制，却没有跟外界分享这一宝藏。他在硕果累累的岁月中欣然安于离群索居，全心投入最为隐秘的科学探索——炼金术。他惧怕曝光，羞于应对非难与争论，极少将自己的成果公之于众，但对宇宙的重重谜题迎难而上，在庞杂与隐秘中揭开谜底。即便在成为国民偶像——艾萨克·牛顿爵士、英国皇家铸币厂厂长和英国皇家学会主席之后，他依然与其他哲学家不亲不近，他的肖像被印刻在勋章上，他的发现在诗句中传颂。

牛顿在去世前曾说："我不知道这个世界会如何看我，但就我自己而言，我不过像是个在海滩上自得其乐的男孩，时不时发现一颗比较光滑的卵石，或是一枚比较漂亮的贝壳，而整个真相的海洋就在我的眼前，我却对它一无所知。"[1]这一令人回味的比喻在此后的数百年间被人频频引用，但无论是童年时还是成年后，牛顿从未在海滩上玩耍过。他出生在偏远的乡间，父亲是个目不识丁的农夫，他生活在一个四面环海的国家，向世人解释了月球和太阳如何牵引海水形成潮汐，但他有可能从未眺望过海洋。他凭借抽象思维和计算揭开了大海的神秘面纱。

牛顿的生命轨迹在地球表面至多长 150 英里[2]：从英国林肯郡的小村向南至剑桥大学城，再到伦敦。1642 年的圣诞节（当时英国使用的仍是儒略历，但这一历法和实际的太阳运动已经产生偏差），他降生在一幢石头农舍的卧房里。他的父亲老艾萨克·牛顿是个自耕农，35岁时成婚，婚后不久就病倒了，并在儿子出生前去世。英语中有一个专门的词用来形容这样的孩子：遗腹子（posthumous child），人们认为遗腹子跟父亲不会太像。

老艾萨克·牛顿身后没留下什么东西：几只绵羊、一些大麦和几件简陋的家具。他在遗嘱上的签名是"X"，因为他和当时绝大多数的乡下人一样，既不会读也不会写。他生前在伍尔索普庄园耕种田地，那里有树林、开阔的荒地、小溪和泉水，贫瘠的土壤下面是灰色的石灰石，几间用这些石灰石建造的房屋要比用木材和黏土建造的普通棚屋更结实。附近有一条罗马帝国时期开辟的道路，由南向北穿行而过，昭示着依然未被超越的古代科技。有时候，孩子们还能刨出几枚古币，或是古代房屋或城墙的残骸。[3]

艾萨克·牛顿活到了84岁，生前患有痛风，家资巨万。他于1727年初冬天结束时在伦敦去世，死前饱受肾结石的折磨。英格兰首次为一个在思想领域取得非凡成就的国民举行了国葬。一位大法官、两位公爵和三位伯爵为他扶棺，皇家学会的大部分成员跟随在后。牛顿的遗体在威斯敏斯特大教堂里停放了八天，随后被葬在大教堂的中殿。墓穴上方是一尊灰白色的大理石雕像：斜倚着书籍的牛顿；一个天球，上面标有 1680 年的彗星轨迹；下方浮雕中几个小天使玩弄着棱镜及其他科学仪器，称量太阳和行星。拉丁文墓志铭盛赞其"近乎神圣的心智"和"绝无仅有的数学原理"，并称："世人因人类历史上曾出现过如此辉煌的伟大生命而欣喜。"对于英格兰、欧洲大陆和当时世界上的其他国家而言，牛顿的故事才刚刚拉开序幕。

当时，一位自称名叫伏尔泰的法国作家刚刚抵达伦敦。他对牛顿国王般的葬礼感到万分惊讶，对所有牛顿的学说感到异常兴奋。他感慨道："一个初到伦敦的法国人发现这里的情形别有不同，在我们那里，人们认为是月球的压力形成了海潮；而在这里，英国人却认为海水是被月球的引力牵引而起。因此，在你认为月球应当引起涨潮的时候，这些英国绅士却认为它引起的该是退潮。"伏尔泰乐于拿法国的哲学巨擘笛卡儿跟牛顿做比较："你们这些笛卡儿派认为一切都是由一种无人知晓的冲力造成的，而牛顿先生却认为一切都由一种引力所致，而对这引力的原因，人们了解得并不多。"最为根本的构想在当时前所未有，成了咖啡馆和聚会场所里备受瞩目的话题。"在巴黎，你们以为地球的形状像个西瓜；而在伦敦，人们却认为它的两端是扁平的。对于一个笛卡儿派的人来说，光存在于空气当中；而对于一个牛顿派的人来说，光却经过六分钟半的旅程[4]从太阳而来。"笛卡儿是个梦想家，牛顿是个圣人；笛卡儿体验过诗意和爱情，牛顿没有。"在如此漫长的一生之中，他既没有过激情，也没有过弱点；他从未亲近过任何女人。关于这一点，我从陪伴在他临终床前的大夫和外科医生那里得到了证实。"[5]

　　牛顿的所学至今仍是我们所知的根本，就好像是凭借我们自己的直觉所得。牛顿的定律就是我们的法则。在我们谈及力与质量、作用与反作用的时候，在我们说到某支运动队或某个政治候选人势头正劲的时候，在我们注意到某一传统或官僚作风形成惯性的时候，在我们伸展胳膊并感觉到周围向下牵曳的重力的时候，我们都是牛顿的信徒，狂热而虔诚。牛顿的前人并没有感觉到这种力的存在。在牛顿之前，英语中的"gravity"（重力）指的是一种氛围——庄严、肃穆，或是一种内在的品质。物体可重可轻，沉重的物体趋于向下，朝向它们的应属之地。[6]

我们把牛顿学说吸收为知识和信仰。科学家在计算出彗星、飞船过去和未来的轨迹时，我们对他们深信不疑。更为重要的是，我们知道这些科学家能够做到这一点，靠的不是魔法而只是科学。宇宙学家和相对论者赫尔曼·邦迪曾说："格局发生了如此彻底的改变，思维方式受到了如此深刻的影响，以至于我们很难将从前的景象了然于心，很难意识到他对前景改变得究竟有多么彻底。"[7]创造，牛顿看到了它，它显露在迭代了无限距离的简单规则和模式之中。于是，我们试图用数学定律来揭示经济的周期和人类的行为。我们认为宇宙的奥秘可以得到解答。

牛顿从搭建知识的基石入手：时间、空间、运动。"众所周知，我不去定义时间、空间、地点和运动。"他在中年时这样写道。那时的他是一位深居简出的教授、不为人知的神学家和炼金术士，很少离开自己在剑桥三一学院的房间。[8]但实际上，他曾经想对这几个词语做出定义。他把这几个词从日常用语的迷雾中解救出来，为它们制定了标准。在定义这些词语的过程中，他与它们共结良缘、互许终身。

牛顿用羽毛笔在栎瘿制成的墨水里蘸了蘸，然后用拉

丁文密密麻麻地写道:"普通人无法通过其他的概念来构想
那些量,而只能依靠他们与可感知的物体之间形成的关联。
接着,便因此生出某些偏见……"那个时候,牛顿已经写
成了一百多万字的文稿,但几乎一本专著也没有出版。他
是为自己而写,废寝忘食。他是为计算而写,布下一串串
状若蛛网和粗大梁柱的数字。他计算,就像绝大多数人在
惬意遐思。他的思路在英文和拉丁文之间来回切换。他是
为阅读而写,逐字逐句把书本和手稿誊写下来,有时会重
复誊写同一篇文稿。心怀胜过快乐的坚定,他是为理性而
写,是为沉思而写,也是为让自己沸腾不安的头脑有事可
忙而写。

　　牛顿的名字预示着这个世界的一套体系。但在牛顿本
人看来,世界的完整性本不存在,有的只是一种不停探索
的动态,变化万千、从未完结。他从不曾把物质和空间与
上帝完全分开。他对自然的看法中始终存在着隐秘、晦涩
和玄妙的属性。他寻求秩序,并相信秩序,但他的视线从
未离开过混沌。他是所有人中最"不牛顿"的一个。

　　那个时候,信息在人群中的传播孱弱且易逝,但牛顿
创造出一种方法和一种语言,这种方法和这种语言在他生

前无往不利，在他身后的每一个世纪都如日中天。他推开了一扇通往新世界的大门：那里以绝对时间和绝对空间为背景，既可测量又不可测量，有科学和机器护航，遵循工业和自然的法则。几何与运动，运动与几何，牛顿令二者合为一体。随着爱因斯坦的相对论的提出，牛顿学说常被认为"被推翻了"或"被取代了"，但事实并非如此。牛顿学说得到的是助力和延伸。[9]

"幸运的牛顿，快乐的科学童年！"爱因斯坦这样说道，"对他来说，大自然是一本打开的书。他屹立在我们面前，坚强、自信而孤独。"[10]

然而，牛顿是在以一种隐秘的方式勉为其难地与我们交谈。

注释

1　牛顿的第一位传记作者布鲁斯特在 1831 年出版的《艾萨克·牛顿爵士的一生》(*The Life of Sir Isaac Newton*，第 303 页) 中惊呼道："虚荣且傲慢的哲学家们真该好好学学！"孜孜不倦地阅读、心怀未解疑问的牛顿对弥尔顿的诗句心有戚戚〔《复乐园》(*Paradise Regained*)，320-321〕。

　　他们
　　继续不断地读书，而不用同等的
　　或更高一等的精神和判断力来读，
　　如果他们有了这样的精神和判断力，
　　又何必向别处（书中）去寻求呢？
　　读书之后，仍然是犹豫不定，
　　虽然读破书万卷，而自己却浅薄，
　　粗野或陶醉，只是搜集玩具而已，
　　牛溲马勃，兼收并蓄；
　　好像小孩子在海滩上采集石子。

2　1 英里≈1.609 千米。——译者注

3　威廉·斯塔克利，《艾萨克·牛顿爵士生平回忆录》(*Memoirs of Sir Isaac Newton's life*)，第 34 页。

4　原文如此。实际太阳光自太阳到达地球要用约 8 分 20 秒。

5　伏尔泰在把两人比作恋人之后，又明智地补充道："一个人可以因此而欣赏牛顿，但不该为此而责怪笛卡儿。"《哲学通信》(*Letters on England*)，第十四封信，第 68-70 页。

6　牛顿也没能很快让世人信服。在他去世前的几年中，某位学者型作者可能会反驳他的引力概念（这一原因，看起来就如任何一部古代小说那般骇人），而不必屈尊俯就地说道："物体须得相互吸引或牵曳，这是一种品质或力量，每个物质的粒子都具有这种品质或力量，它可以到达所有的地方和所有的距离，并进入太阳和行星的中心，它不像其他天然因子那样作用于物体的表面，而是作用于其全部的物质或固体成分，等等。而如果真是这样的话，那可就是怪事一件了。"乔治·戈登，《牛顿哲学论》(*Remarks Upon the Newtonian Philosophy*)，第 6 页。

7　赫尔曼·邦迪，《牛顿与二十世纪之个人观点》("Newton and the Twentieth Century—A Personal View")，参见约翰·福威勒等人编著的《要有牛顿！》(*Let Newton Be!*)，第 241 页。

8　《原理》(*The Principia*)英文版，安德鲁·莫特，第 6 页。

9　就像爱因斯坦本人深知的那样。赫尔曼·邦迪评论说："在讨论狭义相对论时，我总是说爱因斯坦的贡献被冠以难懂之名，但这是完全错误的。爱因斯坦的理论很容易理解，但遗憾的是，他的理论是以伽利略和牛顿的那些非常难懂的理论为基础的。"《牛顿与二十世纪之个人观点》，参见约翰·福威勒等人编著的《要有牛顿!》，第 245 页。

10　《光学》(*Opticks*)，爱因斯坦序，第 59 页。

1

NEWTON

ISAAC

ISAI

第一章

他适合做什么?

ISAAC
NEWTON

中世纪时期，略显破败的伍尔索普农舍坐落在威特姆河附近的小山包上。矮小的前门、紧闭的百叶窗、忙碌的厨房、以芦苇铺底的赤裸的梣木和椴木地板，这间农舍迎来牛顿一家不过是在二十年前。农舍的后面是一片苹果树林，羊群在附近的草地上吃草。

牛顿出生在农舍顶楼的一个小房间里。根据封建法律规定，这间农舍属于私人领地，遗腹子牛顿是农舍的主人，拥有管理住在附近茅屋里的数名佃农的权利。对于牛顿的祖先，我们只能追溯到其祖父罗伯特·牛顿，他葬在农舍以东一英里的教堂墓地。家人希望牛顿能够接替他从未谋面的父亲管理农场。牛顿的母亲汉娜·艾斯库出身名门。汉娜的哥哥牧师威廉·艾斯库在剑桥大学深造，是两英里外的一个村子的教区长，即将成为圣公会的神职人员。在牛顿 3 岁时，年近三十的母亲接受了邻村一位年龄是她两倍的富有教区长巴纳巴斯·史密斯的求婚。史密斯想要一个妻子，但不想要继子。按照结婚协议，汉娜把牛顿留在伍尔索普农舍，让牛顿的外祖母照顾他。[1]

牛顿的青年时期是在战火纷飞的乡村度过的。他出生那年爆发了长达十年的大叛乱：议会派和保皇派争斗不断，清教徒在英格兰教会的偶像崇拜面前畏缩不前。鱼龙混杂的雇佣兵在整个中部地区冲突不断，手持长枪和滑膛枪的士兵会经过伍尔索普附近的田地。[2] 有些人会成群结伙地抢掠农场的物资。英格兰深陷内战，但它也渐渐清楚地认识到自己的国家身份和特殊性。这个四分五裂、面临教会形式和信仰巨变的国家正在经历一场真正的革命。获胜的清教徒拒绝接受专制统治，并否认君主制拥有神权。1649 年，牛顿刚满 6 岁，国王查理一世在其宫殿的高墙下被送上了断头台。

当时的英格兰像个大农村，约占地球陆地面积的千分之一，自一万三千多年前地球变暖、极地冰川融化的时候起，这片土地就与主体大陆分隔开来。以劫掠和水运为生的部落一波接一波地定居在英格兰的沿海地区，随后又扩散到低地和山谷，并聚集成村落。这些人对自然的了解或信仰在一定程度上取决于对技术的运用。他们学会了利用风力和水力来捣碎、碾磨和抛光。熔炼、锻造和碾磨技术那时已经在经济中占据重要地位，并推动了分工的细化和阶级的分化。英格兰人民就像其他人类社群一样，已经能够制造铜壶、铁棍和铁钉等金属器具，还能制造玻璃。这些手工制品和材料是知识飞跃的物质基础，其他的物质基础还包括镜片、纸张和墨水、机械钟表、精确到无限小数位的计数体系和覆盖数百英里的邮政服务。

牛顿出生的时候，一个约有40万人口的大型城市已经形成，当时没有任何城镇的体量能够达到它的十分之一。英格兰仍然是一个遍布乡村和农场的国家，这个国家的季节依照基督教历法和农业生产的节奏来安排：何时羔羊和牛犊出生，何时割晒牧草，何时收获庄稼。连年的粮食歉收造成了大范围的饥荒。[3] 流动劳动力和流浪汉占去英格兰人口的一大部分。但是，一个由工匠和商人构成的新型阶层正在形成，包括贸易商、商铺主、药剂师、玻璃匠、木匠和测量员等，这些人都形成了一种实用、机械的知识观。[4] 他们使用数字并制造工具。以制造业为核心的经济初露雏形。

到了上学的年纪，牛顿步行到村中的妇媪学校，他在那里识字、学习《圣经》和诵读算术表。牛顿的个头比同龄的孩子小，被家人遗弃的他形单影只。有时他希望继父死掉，甚至希望母亲也死掉，大怒起来还威胁要把他们连同房子一起烧毁。有时他又希望自己死掉，但他知道这样的愿望是一种罪。[5]

在晴朗的日子里，太阳悄悄爬上墙头。黑暗和光明似乎从窗前滑落——抑或从眼前滑落呢？没人知道答案。阳光投射出倾斜的边缘，辉映着明暗之中的窗棂影子，时而清晰，时而模糊，形成一个平面相交的立体几何图形。尽管太阳的运动是天体中最规律的，它的运行周期已经成为测量时间的基准，但当时的人们很难想象其中的细节。牛顿画出粗略的几何图形，把圆分成一段段小圆弧，并在圆弧上做标记，然后把木钉钉在墙面或地面上来计算时间，这种方法可以精确到刻钟。[6] 他把这种日晷刻画在石头上，并绘出指针投射的阴影。这就意味着时间与空间具有了相似性，时长可类比为弧长。牛顿用绳子计算小段距离，把英寸[7]换算成分钟，并根据季节的变化调整换算的方式。太阳在一天之中升起又落下，而在一年之中，太阳在天空中的位置相对于恒星略有偏移，在空中缓慢地画出一个扭曲的"8"字形状，[8] 这个肉眼看不到的"8"字只在脑中可见。牛顿很早就注意到这种运行模式，但他后来才明白，这是两种奇异现象的产物，也就是地球的椭圆公转轨道和倾斜的自转轴的产物。

在伍尔索普，任何关注时间的人都会以牛顿的日晷为参照。[9] 莎士比亚笔下的亨利六世说道："哦，上帝！我觉得这样反倒可以过着幸福的生活……雕制一个精巧的日晷，看着时光一分一秒地消逝。"[10] 尽管当时的一些教堂已经使用了机械钟表，但日晷（影子钟）仍是使用最广的计时工具。夜晚，星星出现在深邃的苍穹中；或盈或亏的月亮沿着自己的轨道运动，就像太阳那样，但又不完全一样——这些巨大的天体支配着地球上的季节更迭、日夜变换，就好像有一根看不见的绳子把它们连接了起来。[11] 日晷体现出几千年来不断完善的实践知识。用简陋的日晷计算出的小时长短不一，而且随着季节的交替而变化。改进后的日晷精确度大大提高，并改变了时间本身的意义：时间不仅是一个重复的周期，或是对事物产生影响的神秘变量，它还是可以测量的持续时间，即一种维度。但是，没人能够制作出完美的日晷，甚至连理解日晷原理都谈不上，直到一幅神秘的拼图全部完成：阴影、节奏、行星的运行轨道、椭圆的特殊几何形状、物质之间的引力。所有这些都指向同一个问题。

1653 年,牛顿 10 岁。这一年,巴纳巴斯·史密斯去世,汉娜回到伍尔索普,还带来了三个孩子。她把牛顿送到大北路以北八英里的格兰瑟姆上学,那是一个拥有数百户居民的集镇,眼下成了要塞。格兰瑟姆镇有两家旅馆、一座教堂、一所行会会馆、一个药房和两间加工玉米和麦芽的磨坊。[12] 每天步行八英里上学实在太远,于是,牛顿寄宿在药剂师威廉·克拉克位于高街的家中。小牛顿睡在阁楼上,他把自己的名字刻在木质楼板上,还用木炭在墙壁上画画:鸟雀和野兽、人物和船只,还有纯抽象的圆环和三角。[13]

在牛顿就读的国王学校里,严格执行清教徒纪律的校长亨利·斯托克斯教 80 个男孩学习拉丁文、神学,以及基础的希腊语和希伯来语。在英格兰大部分的学校里,这些课程就是教学的全部内容,但斯托克斯为这些未来的农夫增加了一些实用计算的内容:主要是测量地块的形状和大小、勘测算法、用链条丈量土地、按英亩 [14] 计算土地面积(尽管当时的英亩仍然因地而异)。[15] 斯托克斯教给学生的要比农夫需要掌握的多，比如怎样在一个圆内画出内接正多边形并计算每条边的长度，就像阿基米德估算圆周率那样。牛顿在墙上涂画阿基米德的图解。他在 12 岁那年陷入低谷，孤独、焦虑又好斗。他在教堂墓地跟其他男孩打架，有时打得鼻血直流。在一本拉丁语作业本上，牛顿无意识地写满了句子，有些是抄来的，有些是他自创的，那就是一股忧伤的思绪之流：*一个小家伙，我很无助，他面色苍白，那里没有我的容身之处，房子的顶楼——地狱的底层，他适合做什么工作呢？他擅长做什么呢？* [16] 牛顿陷入了绝望。*我要做个了断。我只能哭泣。我不知道该做什么。*

从人类在石头和羊皮纸上用符号记录知识到牛顿的那个时代不过经历了六十代。英格兰的第一家造纸厂于 16 世纪末在德特福德河河畔开业。当时的纸张价格昂贵，书写文字在日常生活中只占很小的一部分。人们的绝大部分想法没有留下文字记录，而被记录下来的那一部分要么被藏了起来，要么遗失不见。但对于某些人来说，那似乎是一个信息泛滥的年代。熟悉信息传播和存储的教区牧师罗伯特·伯顿（他几乎就住在牛津大学的博德利图书馆里）写道：

我每天都会听到新鲜事，那些这个动荡不安的年代造就的常见传闻，关于战争、瘟疫、火灾、洪水、盗窃、谋杀、大屠杀、流星、彗星、光谱、神童、幽灵……诸如此类。每天都有新书出版，还有小册子、假新闻、各类故事，无所不有，还有新的悖论、观点、派系、异端和哲学、宗教等方面的争论。[17]

伯顿试图把所有以前的知识都囊括到他自己编写的一本没有章法、不着边际的百科全书中。他对自己坚定的剽窃行为毫无歉意，或者说，他是这么表达歉意的："站在巨人肩上的矮子可以比巨人自己看得更远。"[18] 他尝试读懂来自域外的罕见书籍，书中的内容是第谷、伽利略、开普勒和哥白尼对宇宙奇妙而又矛盾的解读。伯顿试图用古代智慧调和这些人的看法。

地球是运动的吗？哥白尼再次提出了这个观点，但是将其作为"一种假定，而非一种真理"。其他几个人也同意这种说法，"如果地球是宇宙的中心并且静止不动，就像大多数普遍被接受的观点所认为的那样"，[19] 其他天体围绕它转动，那么这些天体的转速一定快得令人难以置信。这是计算太阳和其他星星到地球的距离后得出的结论。伯顿借用（并误用）了一些算术："天体在 24 小时内走完的距离，人要每天走 40 英里，连续走 2904 年；或者说，天体在一分钟内走完的距离，人要走 203 年；这是不可能的。"人们透过望远镜观察星星，伯顿本人通过一台八英尺 [20] 长的望远镜观察木星，他同意伽利略的观点，认为这颗流浪星球拥有自己的卫星。

尽管当时没有现成的说法来解释这个难题，但伯顿被迫考虑转变观点的问题："如果一个人的目光投向苍穹，那么他就不可能注意到地球以年为周期的运动，但依然会出现一种与此不可分割的观点。"人的目力都可以抵达那么遥远的地方，为什么人就不行呢？想象犹如天马行空。"如果地球是运动的，它就是一颗行星，而且照耀着月球和其他行星上的居民，就像月球和其他行星照耀着地球上的我们一样。"

我们可以照此推测……存在无限世界，以及在无限宇宙中的无限地球或星系……以此类推，因此，就会存在可以居住的无限世界：有何妨碍？这真是个难以解答的谜题。

这是一个特别难以解答的谜题，因为太多不同的权威提出了太多的假说:我们的现代神灵、那些不信奉上帝的哲学家、异教徒、宗教分裂论者、罗马教会。"后来的数学家们竭尽所能搅浑水,并……用他们精巧的头脑编造出世界的新体系。"[21] 伯顿认为,历史上很多种族的人都研究过天空的面貌,而此时正是上帝揭开天空的神秘面纱的时候。当然了,那是一段动荡不安的年代。

然而,*每天问世的新书*却无法找到通往乡下林肯郡的道路。牛顿的继父史密斯有一些关于基督教的书,药剂师克拉克也有一些书。史密斯甚至还有白纸,那是一本他保存了四十年的摘抄簿。他不辞辛苦地给纸页编码,在前几页上写下几个关于神学的标题,余下的纸几乎是空白的。在史密斯去世后不久,这叠纸就归牛顿所有了。在此之前,在格兰瑟姆上学的牛顿用母亲给的 2.5 便士买了一本小小的线装牛皮纸笔记本。他在上面写了一行字,以表明笔记本的归属:艾萨克·牛顿拥有这本书(Isacus Newton hunc librum possidet)。[22] 许多个月过去了,牛顿小心翼翼地在笔记本上写满了字,字母和数字通常不到十六分之一英寸高。他从两头往中间写。本子上的主要内容摘自几年前在伦敦出版的一本关于秘密和魔法的书:约翰·贝特的《自然与艺术的奥秘》(*The Mysteryes of Nature and Art*)。这本书的内容零散而庞杂，却具有百科全书的意味。

牛顿还抄写了关于绘画的说明："把你想画的东西放在面前，这样就不会挡住光线了……如果你想描绘太阳，那就去画在山丘背后升起或落下的太阳。但如无必要，永远不要去描绘月亮或星辰。"牛顿还抄录了调制色彩、墨水、药膏、粉末和水的方法。"大海的颜色。大概在 9 月 13 日那天，当太阳进入天秤宫时，采摘女贞子，放在阳光下晒干，然后研磨并浸泡。"色彩令他着迷。他按照实用性仔细地将数十种颜色分门别类：紫色、深红色、绿色、另一种绿色、浅绿色、赤褐色、棕蓝色、"裸体画色"、"死尸色"、木炭黑色和矿炭黑色。摘抄内容还包括各类技术，比如（在贝壳里）熔化金属、捕鸟（"在它们经过的地方放一些黑葡萄酒给它们喝"）、在燧石上雕刻、用粉笔制作珍珠。

在跟药剂师克拉克同住的日子里，牛顿学会了用臼和杵研磨；他练习煅烧、烹煮与混合；他把化学物质制成丸粒，然后在阳光下晒干。他记录了很多疗法、药方和注意事项，比如

伤眼之物

大蒜、洋葱和韭菜……饭后即走、热葡萄酒、冷空气……大量放血……灰尘、火光、频繁哭泣……

贝特的《自然与艺术之谜》中混合了亚里士多德的理论和民间传闻："各种各样的实验之所以既有用又好玩，是因为它们杂乱地混合在了一起，我把它们称作奢侈品。"牛顿把"奢侈品"这个词写在了好几页的页眉上。贝特描述了很多样式的水车和烟花，并配上图示，而牛顿则连续几个小时用小刀砍木头、建造精巧的水车和风车。格兰瑟姆镇正在建造一座新磨坊，牛顿关注了施工进程，然后制作了一个模型，里面装有可以快速转动并碾磨的机械装置，并应用了控制齿轮、杠杆、滚轮和滑轮的原理。在居住的阁楼里，牛顿用一个箱子的木板制作了一个四英尺高的水钟，涂漆表盘上有一根时针。他还制作了纸灯笼和风筝，并在夜晚把点亮的纸灯笼挂在风筝上放飞到天空中，漆黑夜空中的点点亮光常常吓到邻居。[23]

贝特教授知识的方式就像做游戏，但他对知识体系心怀赞许。他写道："火、气、水、土是四大物质基本元素。"这一古老的四元素组合，连同由此而生的四种性质——热、湿、冷、干，体现出人们在没有数学计数工具的条件下对世界的元素进行组织、分类和命名的迫切愿望。这种朴素的智慧也涵盖了运动。贝特解释说："轻的部分向上升，重的部分则相反。"[24]

牛顿在抄书的时候略去了这些原理。他在小小的纸页上画满了与日晷有关的天文图表，并对此后28年的日历进行了详尽的计算。他抄写单词表，并添加出现在脑中的词语。[25]在笔记本的42页纸上，牛顿按主题划分出2400个名词。

艺术、贸易和科学：……药剂师……军械师、占星师、天文学家……

疾病：……龅牙……痛风……坏疽……枪伤……

家族和称谓：新郎……私生子男爵兄弟……聒噪帮会……布朗派放纵幼子……私通的父亲……

家人对这个困扰的灵魂并无慰藉之效。1659年秋天，当牛顿16岁时，母亲召唤他回家当农夫。

注释

1　巴纳巴斯·史密斯时年 63 岁，是一名富有的教区长；汉娜·艾斯库那时大约 30 岁。两人的婚姻是这位教区长所辖教区的一位居民（他收了介绍费）和汉娜的哥哥协商的结果。双方达成协议，小艾萨克必须留在伍尔索普，史密斯会留给他一块土地。汉娜的嫁妆是一块每年可以带来 50 英镑收益的土地。

2　1643 年 5 月 13 日，格兰瑟姆附近爆发了一场小规模的冲突。在那年的整个夏天，零星的战斗一直在那附近持续不断，并在接下来几年里偶有发生。

3　克里斯多弗·克雷，《经济扩张与社会变革》(*Economic Expansion and Social Change*)，第 8-9 页。

4　人们认为商人应该"有文化并精通读写"，还要"懂得算术的知识和技巧"，如果不用笔的话，也得能用算筹进行计算。休·奥尔德卡斯尔，《记账简要指南》(*A Briefe Instruction and Maner How to Keepe Bookes of Accompts*，1588 年)，基思·托马斯，《近代英格兰算术》("Numeracy in Early Modern England")引述，第 106 页。

5　在他 20 岁那年的圣灵降临节前后，在三一学院学习的牛顿经历了某种良知危机，并用一种自创的速记方式记录下自己的罪过。他记录的早期罪过有"威胁我的继父和母亲，说要烧毁他们的房子并把他们一起烧死"。他还记起自己对母亲和同母异父的妹妹"动不动就发火"，殴打妹妹和其他人，"出现不洁的想法、言行和梦"，还曾多次撒谎并违犯安息日的戒律。理查德·S. 韦斯特福尔，《牛顿良知的简录与状态》(*Short-Writing and the State of Newton's Conscience*)，第 10 页。

6　威廉·斯塔克利，《艾萨克·牛顿爵士生平回忆录》，第 43 页："他展示了一种满足自己对太阳运动的好奇心的方法：在家中的各个角落、自己的卧室、过道、房间等任何阳光出现的地方制作形态各异的日冕。"

7　1 英寸≈2.54 厘米。——译者注

8　日行迹。

9　威廉·斯塔克利，《艾萨克·牛顿爵士生平回忆录》，第 43 页："并制作了这些曲线的某种历书，人们根据曲线可以得知每个月的日子，还有太阳进入的星座、春分或秋分和至日。因此，在太阳普照时，牛顿日冕就成了家人和邻居的时间指引物。"

10　《亨利六世》(*Henry VI*)，第三幕，第二景，21。

11 最后，他写道：

从表面的行为认识特定物体的真实运动的确非常困难，因为不变空间中发生运动的那一部分，无法为我们的感官所感知。但是，情况并非完全无望。因为我们有一些论据可以作为指导，一部分来自表面的运动，也就是真实运动的差异；一部分来自力，也就是真实运动的原因和效应。例如，如果两个球由一根绳子连接并保持给定距离，围绕它们共同的重心旋转，那么我们则可以通过绳子的伸张知道球欲离开运动轴所做的努力，从而计算出它们圆周运动的量……

《原理》英文版，安德鲁·莫特，第 12 页。

12 比尔·库瑟，《空位期时的格兰瑟姆：1641 年至 1649 年》(*Grantham during the Interregnum, 1641–1649*)。

13 威廉·斯塔克利，《艾萨克·牛顿爵士生平回忆录》，第 43 页。其中还发现了其他一些可能出自牛顿之手的图解。德瑞克·托马斯·怀特赛德〔《艾萨克·牛顿：一位数学家的诞生》(*Isaac Newton: Birth of a Mathematician*)，第 56 页〕冷静地评价道："可能只有怀着盲目的母爱才能在这些相交的圆环和线条图形中看出艺术天分或数学才能的萌芽。"

14 1 英亩≈4046.856 平方米。——译者注

15 人们长期以来多认为牛顿在童年时期没有接受过数学训练，但格兰瑟姆博物馆（D/N 2267）中藏有斯托克斯的私人笔记本——"数学笔记"(Notes for the Mathematicks)。德瑞克·托马斯·怀特赛德，《数学家牛顿》("Newton the Mathematician")，参见泽夫·巴赫勒的《当代牛顿研究》(*Contemporary Newtonian Research*)，第 111 页。论及英亩的著作有比如威廉·配第爵士的《政治算术》(*Political Arithmetick*)和约翰·沃利奇的《系统化农业》(*Systema Agriculturæ*，伦敦，多林出版社，1687 年）等。

16 弗兰克·E. 曼努埃尔，《艾萨克·牛顿肖像》(*A Portrait Of Isaac Newton*) 引述，第 57-58 页。"拉丁语练习簿"(Latin Exercise Book) 最初为朴次茅斯典藏 (Portsmouth Collection)，现为私人藏家所有。曼努埃尔补充道："笔记中积极情绪的缺乏令人惊讶。'爱'这个字眼从未出现过，对幸福和渴望的表达少之又少。对烤肉的喜爱是唯一强烈的感官热情。"

17 罗伯特·伯顿，《忧郁的解剖》(*Anatomy of Melancholy*)，第 14 页。

18 完整的说法是："尽管物理和哲学领域有很多旧时的巨人，但我赞成迪达库斯·斯代拉的说法：'站在巨人肩上的矮子可以比巨人自己看得更远；较之先辈，我可能进行添加和改变，并看得更远。'"这既不是这个警世故事的开头，也不是它的结尾。关于这一点，您必须读一读罗伯特·K.

默顿的《在巨人的肩上》(*On the Shoulders of Giants*)。

19　罗伯特·伯顿，《忧郁的解剖》，第 423 页。

20　1 英尺≈30.48 厘米。

21　同注 19，第 427 页。

22　牛顿外甥女的丈夫，约翰·康杜特在牛顿去世后不久曾提到过这本笔记本；后来，它在几个世纪中不见踪影；20 世纪 20 年代，它出现在美国纽约摩根图书馆 (Pierpont Morgan Library)，并被保存至今 (MA 318)。参见大卫·尤金·史密斯的《艾萨克·牛顿爵士的两份未出版文件》("Two Unpublished Documents of Sir Isaac Newton")，收录于 W. J. 格林斯特里特的《牛顿传》(*Isaac Newton*)，第 16-34 页；E. N. 达·C. 安德拉德，"牛顿早期笔记簿" (Newton's Early Notebook)；以及约翰·贝特，《自然与艺术的奥秘》(*The Mysteryes of Nature and Art*) 原本。

23　威廉·斯塔克利，《艾萨克·牛顿爵士生平回忆录》，第 42 页。

24　约翰·贝特，《自然与艺术的奥秘》，第 81 页。

25　字典和百科全书 (知识的"循环") 几乎不存在，但牛顿可能读过约翰·威索尔斯那本按照主题标题罗列单词的《初学者小词典》(*A Shorte Dictionarie for Yonge Begynners*，1556 年)；罗伯特·考德里，《包含并教授难懂罕见英文单词之运用与理解的字母表》(*Table Alphabeticall Contaynyng and Teaching the True Writing and Understanding of Hard Usuall English Words*，1604 年)；弗朗西斯·格雷格里，《简明英拉命名法词典》(*Nomenclatura Brevis Anglo-Latinum*)。

第二章

一些哲学问题

ISAAC
NEWTON

　　牛顿不知道自己想成为什么或想做什么，但他肯定不会去放羊、犁地或赶粪车。他用更多的时间来采集草药，或在家人看不到的地方拿着一本书躺在阿福花和阴地蕨丛中。[1]在羊群踩踏邻居家的大麦时，他在溪流中建造了一架水车。他观察流经木头和岩石的水，留意到涡旋和波浪，体会到流体运动。[2]他不服从母亲的管教，还经常责骂同母异父的妹妹。[3]他还曾因为家里的猪擅闯他人领地，以及对残破的篱笆置之不理而被庄园法庭惩罚。[4]

　　格兰瑟姆国王学校的斯托克斯校长和舅舅威廉最终对牛顿的行为进行了干涉。当时，威廉·艾斯库正准备加入三一学院神职人员的队伍，这所学院是剑桥大学十六所学院中最著名的一所，斯托克斯和威廉于是安排牛顿前往那里就读。牛顿朝着南方赶了三天两夜的路，并于1661年

6 月入学。剑桥大学把学生分成三类：贵族，在高桌前吃饭，身穿华丽的长袍，而且几乎无须考试就能拿到学位；自费生，缴纳学费和食宿费，主要目的是成为圣公会牧师；工读生，给其他学生打杂（比如跑腿、侍候就餐和吃剩饭）来换取生活费。按照乡下的标准，寡妇汉娜·史密斯此时已成了有钱人，但她给儿子的钱少得可怜。牛顿以工读生的身份进入三一学院。他的随身之物足够日常所需：一个夜壶、一本 140 页的笔记本（长 5.5 英寸，宽 3.5 英寸，皮质封面）、"一个容量为 1 夸脱[5]的墨水瓶和墨水"、用来夜读的蜡烛和一把书桌锁。[6] 他的导师是一位平庸的希腊语学者。在其余的时间里，他一人独处。

牛顿认为学习是一种侍奉上帝的执念和有价值的追求，但也有可能成为一件引以为傲的事情。他自创了一些难懂的速记符号——这样既可以节省纸张，又可以加密自己的文字——在遭遇精神危机的时候用来记录自己的罪过。这些罪过包括"忘记祈祷""在礼拜堂里漫不经心"，还有各种不够虔诚、专注的表现。他责备自己违犯安息日戒律的数十种行径。一个星期日，他削断了一支羽毛笔并对此撒了谎。他忏悔自己有"不洁的想法、言行和梦"。他悔过，或者说试图悔过，"迷恋金钱，贪图享乐"。[7] 金钱、学习、享乐：这些是让牛顿心生向往的三个诱惑。而金钱和享乐，牛顿一生都不曾大量拥有过。

内战结束，奥利弗·克伦威尔的护国公制也随之湮灭，他本人死于疟疾，尸体被人从墓穴中挖了出来，头被砍下，挂在威斯敏斯特宫顶的一根旗杆上。叛乱期间，清教革命者控制了剑桥大学，并驱逐了各个学院中的很多保皇派学者。眼下，复辟成功的查理二世登上王位，清教徒遭到驱逐，克伦威尔的尸身被枭首示众，而剑桥大学在护国公时期的记录则被全部烧毁。此时，距离伦敦五十英里，面积只有伦敦的百分之一的河边小镇剑桥动荡不安。这里是信息和商业的交汇之地。每年，在收割和耕作之间的那段日子里，来自各地的商人都会前往剑桥参加英格兰最盛大的集市——史托尔桥集市（Stourbridge Fair）。集市上的货品琳琅满目：羊毛和啤酒花、金属制品和玻璃制品、丝绸和文具、书籍、玩具和乐器——一派各地语言和各式服装齐聚一堂的热闹场面，就像一位小册子的写手描述的那样，这是"一本各色人等的摘要"。[8] 牛顿精打细算，用有限的零钱买了书，有一年还买了一个棱镜——一个做工粗糙的玩具，镜片里有几个气泡。通常，来自四面八方的人流会带来另一个后果：剑桥镇遭受了瘟疫之灾。

剑桥大学的课程变得陈旧落伍，课程设置沿袭了中世纪初建校时的经院传统：学习分崩离析的地中海文化的典籍。在欧洲大陆的千年巨变中，这些典籍在基督教和伊斯兰教避难所中得以保存下来。那时，所有世俗知识领域的唯一权威就是亚里士多德——医生的儿子、柏拉图的学生和藏书家。亚里士多德的著作涉及逻辑学、伦理学、修辞学，甚至还涉及宇宙学和力学。亚里士多德的学说推崇系统性和严密性、类别和规则。他的学说构筑起一幢理性的大厦：关于知识的知识。在古代诗歌和中世纪神学的辅助下，这门学说成为一个完整的知识体系，世代相传却几乎没有改变。牛顿一开始仔细阅读了（但没有读完）亚里士多德的《工具论》和《尼各马可伦理学》（"对于要学习才能会做的事情，我们是通过做那些学会后所应当做的事来学习的"）。[9]

牛顿在一片不断变化的语言迷雾中阅读亚里士多德的著作，连同大量的注释和争论。书中的文字交错重叠。亚里士多德描述的是一个充满物质的世界。每种物质都具有多种特征和属性，这些特征和属性的总和就是一种最终取决于物质之本质的"形态"。属性可以改变，我们称之为"运动"。运动是行为、变化和生命。它和时间相互依存、互不可少。我们如果明白了运动的成因，也就明白了世界的成因。

　　在亚里士多德看来，运动包括推、拉、带、转、组合与分离、消与长。运动中的事物包括渐熟的桃子、游泳的鱼、在火上加热的水、成长中的孩子、从树上落下的苹果。[10] 重的物体和轻的物体会移动到各自恰当的位置上：轻的物体上升，重的物体下落。[11] 一些运动是合乎自然的，另一些运动则是剧烈和违背自然的。这两种运动都揭示出事物之间的关联。亚里士多德断言（并通过复杂的逻辑证明）："凡运动着的事物必然都有推动者。"[12] 这个事物不可能在同一时间推动和被推动。这个简单的事实意味着，必然存在一个没有被任何事物推动的第一推动者，否则运动就会进入无限循环：

　　既然任何运动的事物都受到另一个事物的推动，那我们就假设一个处于运动中的事物被另一个运动中的事物推动……这个推动的事物又被第三个运动中的事物推动，以此类推。然而这种运动不可能无限进行下去，故必然存在某个第一推动者。

　　对于基督教的神父们来说，这个第一推动者只能是上帝。这就决定了哲学家能够依照纯粹的理性推进到多远，也决定了推理链在只能仰赖自身的情况下在复杂性和自我参照性上能够达到怎样的程度。

这种对运动无所不包的阐释几乎没有考虑到量、度和数。如果一块青铜变成铜像的过程也能被称为运动，[13] 那么哲学家尚无法做出精准的区分，比如速度与加速度。实际上，古希腊人对我们用数学来解读这个易变质、有缺陷、世俗的世界的方式抱有一种原则上的抵触。他们认为几何学只能用来研究天球，而且可能与音乐和星辰有所关联，但石头或金属抛射物并不适用于数学方法。因此，不断进步的技术让亚里士多德的理论显得陈旧而无效。炮手们知道，一枚发射出去的炮弹不再受到任何事物的推动，而只是遵循一段炮膛内部爆炸的模糊记忆；他们当时正粗略地学习掌握计算炮弹轨迹的方法。由发条机制促动的钟摆尽管粗拙，但它的运动却需要用数学的方法衡量。而发条机制反过来让时间的测量成为可能——首先是小时，然后是分钟。一个从塔顶下落或从斜面滚下的物体让人们产生了这样的疑问：距离是什么？时间是什么？

那么，什么是速度？速度本身又是如何变化的呢？

亚里士多德的宇宙论也没能突破剑桥大学的学术之门。这是一种和谐且不变的宇宙论：围绕在地球周围的透明水晶球坚实而无形，其间充塞着诸天球。托勒密完善了亚氏的宇宙论，在此后的数百年间，基督教天文学家接受并延展了这一理论，使之与《圣经》中的描述相协调，并在恒星天宇之外增添了一个天堂——一个深邃而纯洁、可能无限的天堂，那里是上帝和天使的居所。但随着天文学家们做出的注解越来越详尽，于是，他们为对于同心球体来说太过不规则的行星运动进行了归类。他们看到了怪诞与不洁，比如彗星的发光和消逝。到了"每天都有新鲜事"的17 世纪 60 年代，一些奥秘之书的读者已经知道地球是一颗行星，而且行星围绕太阳旋转。牛顿也开始在笔记本上记录星球视星等的测算方法。

三一学院图书馆的藏书超过 3000 册，但学生们只能在一名校董会成员的陪同下才能进入图书馆。尽管如此，牛顿还是找到了了解新观点和新争论的途径：法国哲学家勒内·笛卡儿和意大利天文学家伽利略·伽利雷的理论，后者在牛顿出生前一年去世。笛卡儿提出了一种几何和机械的哲学。他想象的宇宙充满了肉眼看不到的物质，这些物质形成巨大的涡旋，并推动行星和恒星向前运动。而伽利略则通过几何思维来研究运动。两人都明确否认了亚里士多德的理论——伽利略声称所有的物体皆由相同的重物质构成，因此下落的速度相同。

但这个"速度"并不一样。经过反复的思考，伽利略提出了匀加速的概念。他将运动视为一种状态而非一个过程。尽管从未用过诸如"惯性"这样的字眼，但他设想物体具有保持运动或保持静止的趋势。下一步就需要进行实验和测量。他用水钟测量球从斜面上滚下来的时间，并得出结论（但那是错误的）：球的速度与滚动的距离成正比。后来，他在尝试理解自由落体的过程中触及现代的定义，正确地认识到距离单位、速度单位和时间单位。伽利略的大部分著作是用意大利语撰写的，在当时的英格兰，几乎没人懂意大利语，因此牛顿也是通过二手或三手渠道才了解到这些理论。[14]

在剑桥大学的第二年，牛顿的笔记本上已经记满了关于亚里士多德学说的内容，于是他开始了一个内涵深邃的新条目："一些哲学问题"（Questiones quædam philosophicæ）。他把权威抛在一边。之后，他又回到这一页，并写下一句摘自亚里士多德解释自己为何对老师的观点持有不同意见的话。亚氏的原话是："吾爱吾师，吾更爱真理。"牛顿写下的句子是："柏拉图是我的朋友，亚里士多德是我的朋友，但真理是我最伟大的朋友（Amicus Plato amicus Aristoteles magis amica veritas）。"[15] 他开启了一个全新的起点。牛顿以基本分类标题为架构、以问题为形式，记录下自己对这个世界的认知，这些认知有时基于书本知识，有时基于牛顿自己的猜想。这些记录内容表明人们所知甚少。牛顿对主题的选择（一共四十五个）意味着一种全新自然哲学的基础就此奠定。

关于第一物质、关于原子。 牛顿能否借助逻辑之力知道，物质是连续且无限可分的，还是不连续和分散的？物质的最终组成部分是数学中的点，还是实际存在的原子？由于数学中的点不具实体或维度，"而只是一种想象的实体"，因此，即便无穷的点也可以合并形成具有实际广延的物质，即便无数个真空点（"散布其间的虚空"）也可以将物质的组成部分分离，[16] 以上观点似乎还是难以令人信服。对于上帝作为造物主的角色问题可能是个危险的探讨领域。"认为第一物质以别的东西为基础的说法是矛盾的"，他在括号中补充道，"上帝除外"；但经过再次思考之后，他把这句话划掉了——"因为这意味着存在某些第一物质必须

依赖的物质"。就像引导古希腊人那样，推理把牛顿引向了
原子——不是通过观察或实验，而是通过排除其他的可能。
牛顿自称是微粒论者和原子论者。"第一物质一定是原子。
这种物质如此之小，小到无法分辨。"它非常小，但不是无
穷小，不是零。它无法分辨，但牢不可破且不可分。这是
一个尚未确定下来的概念，因为牛顿还看到一个平缓变化
的、曲线的和流动的世界。那么时间和运动的最小构成元
素是什么呢？这些元素是连续的还是分散的呢？

量、位置。"广延与位置相关，就像时间与天和年相
关，等等。"[17]牛顿在另一个有争议的问题中提到了上
帝：空间是有限的还是无限的？这里所说的不是几何学
家想象的抽象空间，而是我们身处的真实空间。当然是
无限的！"说广延是无定限的，"（这实际上是笛卡儿说的）
"就好比说上帝是无限完美的，因为我们无法全盘了解他
的完美。"

时间与永恒。牛顿对此没有进行抽象的讨论，只是画
了一张水或沙驱动的轮形钟草图，并提出了有关不同制作
材料的实际问题，比如"球状金属粉尘"。之后他才开始研
究"运动"，同样也是从寻找基本构成元素，也就是原子的

同等物入手。"运动"引出"天体物质和星球"——这将遭遇欧陆思想早期反响的牛顿引向了笛卡儿。笛卡儿认为，宇宙中可能没有真空，因为宇宙就是空间，而空间意味着广延，而广延必然牵涉物质。同样，世界遵循机械原理：所有的运动都是通过接触传递的，一个物体直接推动另一个物体，并没有来自远处的神秘影响。

因此，真空不能传播光。笛卡儿（通过想象）认为，光是"压力"的一种形式，因为当时的哲学家们才刚刚开始构想，压力是一种看不见的流体（空气）可能拥有的特性。但是牛顿听说了罗伯特·玻意耳的气泵实验，而"压力"就是玻意耳基于这种新意义所使用的词语。牛顿又站在了一个新的起点上。

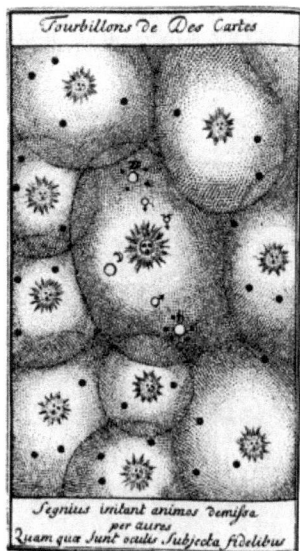

笛卡儿的涡旋

在笛卡儿的宇宙中，物质充满了整个空间，并形成涡旋。

无论笛卡儿学说中的第一元素是否能背转涡旋，并持续将涡旋物质驱离太阳以产生光，并耗费自身的大部分运动来填充以太小球之间的缝隙。[18]

从物质到运动，再到光，再到宇宙的构造。太阳用光束来推动涡旋。无处不在的涡旋可以推动任何事物：牛顿设想出一种永动机，并画出草图。但是，光在笛卡儿的学说中扮演着微妙的角色，而试图从字面上去理解笛卡儿的牛顿已经感觉到其中的矛盾之处。压力并不仅限于直线，涡旋在拐角处旋转。因此牛顿断言："光不可能是压力产生的，否则，我们就应该看到夜晚跟白天一样亮，或是比白天还要亮的光，我们就应该在头顶看到明亮的光，因为我们受到向下的压力……"日食也就不会使天空变暗。"一个在夜里行走或奔跑的人应该能够看到东西。当火把或蜡烛熄灭时，我们换个角度就应该能看到一束光。"[19]

另一个难以理解的词语"重力"开始出现在牛顿的"问题"中。它的含义在各处闪现。它构成了一对相关词——"重与轻"（gravity & levity）中的一个。它代表了一个下落物体的趋势，一直向下。但怎么会这样呢？"引起重力的物质必须穿过整个物体。物体在下降后必须再次上升，否则的话，地球的腹中就必然存在腔穴和空洞来容纳这些物体……"[20] 那个难以想象的地方，也就是地球的中心，必然拥挤不堪——地球上所有的流都返回家中。"当这些流汇集在地球中心时，它们必然会收缩在一个狭小的空间里，并被挤压在一起。"

然而，重力也可能是物体所固有的，就算物体所处的位置发生变化，它也是一个可以精确测量的量。"一个物体处在不同位置，比如山顶和山脚，或不同的纬度，其重力或许可以用某种工具来测量"——牛顿绘制了一个天平。他做出了"重力射线"的猜想，如果猜想成立的话，那么"重力"所指的也可以是物体运动的趋势，这不仅是向下的运动，而是朝向任何方向的运动；一旦物体开始运动，它就会保持这种运动的趋势。即便存在这种趋势，也还不存在用来描述它的语言。牛顿对炮弹的问题进行了思考：为什么炮弹在离开炮膛相当一段时间之后仍在上升？"剧烈运动持续的成因"——他划掉了"的成因"。"要么是空气，要么是预支的运动力"——他划掉了"运动"，并用"力"取而代之：

剧烈的运动（牛顿绘制的草图）

剧烈运动持续的成因，要么是空气，要么是预支的运动力，要么是被推动物体本身的重力。

但是，炮弹长时间的上升是如何得到空气的助力的呢？牛顿注意到，空气在炮弹头部的聚集要多过在尾部的聚集，"所以，与其说助力，不如说阻碍"。因此，持续的运动必定源自某种物体内在的自然趋势。但那是"重力"吗？

牛顿的一些问题仅仅停留在列出题目这一步，比如"流动性、稳定性、湿度、干度"[21]。这也无妨。但对"关于热与冷、磁力吸引、色彩、声音、新生与腐坏、记忆"的问题，他已经展开了研究。这些问题形成了一个包含测量、时钟和刻度、操作实验和想象实验的研究计划。牛顿雄心勃勃地将整个自然界都列入自己的研究计划之中。

　　还有一个难题让牛顿费尽思量——"海水的涨潮与退潮"。他想到一种方法，可以用来验证月球"对大气的压力"是否就是出现潮汐现象的原因。在一根管子里装满汞或水，把管口封上，"液体会下降三到四英寸，（或许）留出一部分真空"；然后在空气受到月球的压力的时候，看看管中的液体是会上升，还是会下降。牛顿想知道海平面是不是白天上升、夜晚下降；是早上高一些，还是晚上高一些？尽管全世界的渔民和水手对潮汐的研究已有上千年的历史，但人们仍然没有积累足够的资料来解开那些困扰他们的问题。[22]

注释

1　威廉·斯塔克利,《艾萨克·牛顿爵士生平回忆录》,第46-49页。

2　几年后,牛顿成为剑桥大学的新生,他凭借记忆绘制出经典流体力学的图表,或者说,他绘制出在这门学科出现之前,流体力学图表应该呈现的样貌。牛顿猜测空气和水的阻力之间具有某种联系:"……因为你可能会观察到,在水中运动的物体确实会在身后拖曳着这股水……或至少水是随着一股很小的力在物体后面被拖动的,你可以通过水中的微粒观察到这股力……类似的情况也会在空气中发生……"《问题》,《关于剧烈的运动》(*Of Violent Motion*),Add MS 3996,第21页。

3　三年后,牛顿在一份清单上罗列的罪过包括"拒绝尊奉母令关禁闭""殴打我的妹妹""对我的母亲乱发脾气""对我的妹妹乱发脾气"。理查德·S. 韦斯特福尔,《牛顿良知的简录与状态》,第13f页。

4　理查德·S. 韦斯特福尔,《永不止息》(*Never at Rest*),第53页。

5　1夸脱≈1.136升。——译者注

6　"三一学院笔记簿"(Trinity College Note Book),MS R4.48。牛顿的导师是本杰明·普莱恩。牛顿曾有过室友,但他们谈不上是朋友。

7　韦斯特福尔在《牛顿良知的简录与状态》中转录了剑桥菲茨威廉博物馆(Fitzwilliam Museum)收藏的记事簿中的内容。韦斯特福尔评价说:"我们不得不得出如下结论:青年时代的牛顿要么思想纯洁无瑕,要么自省能力远远没有达到应有的水平。或许这两个结论都没错。"

8　爱德华·沃德,《走进史托尔桥集市》(*A Step to Stir-Bitch-Fair*,伦敦:J. How出版,1700年);丹尼尔·笛福,《大英全岛游记》(*Tour through the Whole Island of Great Britain*,1724年)。在约翰·班扬的《天路历程》(*Pilgrim's Progress*)中,史托尔桥集市是典型的虚空市(Vanity Fair)。

9　亚里士多德,《尼各马可伦理学》(*Nicomachean Ethics*),第二卷第一章。

10　以及"变热、变甜、变稠、变干、变白"。亚里士多德,《物理学》(*Physics*),R. P. 哈迪和R. K. 盖伊翻译,第七章第二节。

11　同注10,第八章第四节。

12　同注10,第七章第一节。

13　同注10,第三章第一节:"运动是潜能事物的实现,只有当它不是作为其自身,而是作为一个能运动者活动着且实现的时候,那就是运动。我所说的'作为'是这个意思:青铜是潜能的雕像。"

14　但不包括1610年在威尼斯出版的《星际信使》(*Sidereus Nuncius*)。牛顿在四十多岁的时候得到了一本《星际信使》〔约翰·哈里森，《牛顿藏书》（*The Library of Isaac Newton*），第 147 页〕。《星际信使》在 1880 年被首次翻译成英文。

15 一些传记作家认为这句格言出自牛顿之口，但亚里士多德在《尼各马可伦理学》的第一卷第六章中表达了这一观点，古希腊传记作家第欧根尼·拉尔修在《哲学家列传》（*De vitis dogmatibus et apophtegmatibus clarorum philosophorum*，牛顿藏有此书）中则表示，这句格言的拉丁语版是亚里士多德说的。关于这句格言出处的更多探究，请参阅亨利·格拉克的《牛顿在欧洲大陆》（*Newton on the Continent*）中的《吾爱吾师和其他朋友》（"Amicus Plato and Other Friends"）篇章。

正如格拉克所写的，牛顿当时正在深入研读（有时持有异议）沃尔特·查尔顿的《伊壁鸠鲁 – 伽桑狄 – 查尔斯顿之自然哲学》（*Physiologia Epicuro-Gassendo Charltoniana*）、笛卡儿的部分拉丁文论著、柏拉图派亨利·摩尔的《灵魂的不朽》（*The Immortality of the Soul*）和化学家罗伯特·玻意耳的著作。J. E. 麦奎尔和马丁·塔米的《一些哲学问题》（*Certain Philosophical Questions*，包括仔细的誊抄）对牛顿的《问题》做出了权威的分析。

这本笔记现藏于剑桥大学图书馆，编号为 Add MS 3996。我的引用使用了牛顿标注的页码。

16 《问题》，第 1 页。

17 同注 16，第 6 页。

18 同注 16，第 32 页。

19 同注 16，第 21 页。

20 同注 16，第 19 页。

21 "Siccity"：干度。

22 世界各地的沿海居民很早就注意到潮汐的运动和月亮、太阳的变化存在时间上的吻合。尤其是北大西洋沿岸和港口附近地区的僧侣，他们几百年间一直在记录与此相关的数据（尽管没有对外公布）。

第三章

用运动解决问题

ISAAC
NEWTON

1664 年，剑桥大学有了校史上第一位数学教授——艾萨克·巴罗，另一位三一学院的工读生，比牛顿早十届。巴罗最初学习的是希腊语和神学，之后离开了剑桥，开始学习医学、更多的神学、教会史和天文学，最后转向了几何学。牛顿上过巴罗最早开设的课程。那一年，牛顿要参加奖学金资格考试，巴罗就是主考，考察内容主要基于欧几里得的《几何原本》(*Elements*)。牛顿以前没有学过这本书。他在史托尔桥集市找到一本关于占星的书，突击学习了书中一个以掌握三角学为理解前提的图表 [1]——这远远超过了剑桥学生需要掌握的知识范畴。牛顿买来和借来了更多的书。不久以后，他就用简短的篇章总结出当时欧洲大陆先进数学思想的纲要。他购买了弗兰斯·凡·斯霍滕的《杂记》(*Miscellanies*)和斯霍滕的拉丁文译作——笛卡儿艰涩难懂的杰作《几何学》(*La Géométrie*)，他还购买了威廉·奥特雷德的《数学之钥》(*Clavis Mathematicæ*)和约翰·沃利斯的《无穷算术》(*Arithmetica Infinitorum*)。[2] 这些著作对于牛顿来说深奥难懂，猜测的部分要多过理解的部分。

那一年的年底，就在冬至前，一颗彗星出现在低空中，拖着亮闪闪的神秘彗尾向西飞去。牛顿整夜整夜地待在户外，观察彗星在恒星构成的背景中留下的痕迹，每次都看到黎明时分，直到彗星消失在光亮之中才毫无睡意、脑中一片混乱地回到房间。那时，彗星是一种不祥的征兆，就像苍穹中的一位变化无常、神出鬼没的旅者：英格兰流言四起，称荷兰出现了一种新型瘟疫——可能来自意大利或黎凡特，也可能来自克里特岛或塞浦路斯。

疫病紧随流言而来。在伦敦，有三个人死在一幢房子里；到了次年一月，这种传染力很强的疾病从一个教区扩散到另一个教区，每周都有人死去，一开始是数百人，后来是数千人。在疫情大爆发前的一年多里，伦敦几乎每六个人中就有一人死于疫病。[3] 牛顿的母亲从伍尔索普给他来了信：

艾萨克：

来信已收到，我理解你

随信附上你的衣物

但是没人对你（……）

我和你的妹妹们都爱你

你和为你我向上帝的祈祷（……）

爱你的妈妈

汉娜

1665 年 5 月 6 日

于伍尔索普[4]

　　剑桥大学的各个学院先后关闭，校董会成员和学生们纷纷到乡下避灾。

　　牛顿回到家里。他给自己做了几个书架，还开辟出一间小书房。他翻开继父遗留下来的那本有将近上千张空白书页的摘抄簿，并把它命名为"杂录"（Waste Book）。[5]他开始在摘抄簿上写读书笔记，这些笔记不知不觉间变成了他最初的研究记录。牛顿不断向自己提出问题，无时无刻不在思考这些问题，接着计算答案并提出新的问题。他的研究已经超越了那个时代的知识前沿（尽管他并没有意识到这一点）。瘟疫肆虐之年正是牛顿脱胎换骨之年。[6]孤独一人、几乎不与外人交流的他，成了世界上最杰出的数学家。

人们发现的大多数数字真理和方法，在相隔遥远的不同文化中一而再，再而三地被人遗忘和重新发现。数学是一门常青的学科，一名"智人"的年轻后裔仍然可以领悟这一物种几乎所有共同已知的知识。直到最近，这种形式的知识才开始以自身为发展基础。[7] 古希腊数学已经几乎消失殆尽，在曾经的几个世纪中，阿拉伯数学家们让数学存活了下来，同时发明了叫作代数的抽象解题方法。此时，欧洲成了一个特例：这一地区的人们使用书籍、信函和单一语言——拉丁语，来联络分散在数百英里范围内的群体；这里的人们正自觉地接受一种在一千多年前繁荣而后瓦解的文化。知识可以不断积累——好像一架梯子，或是一座石砌塔楼，越垒越高。这一概念只是多种可能性之一。数百年中，渊博的学者们认为他们之所以能够看得更远，是因为站在了巨人的肩膀上，但比起进步，他们更愿意相信重新发现。即便是那时，西方数学的发展第一次超过了古希腊的数学水平，但仍然有很多哲学家认为他们不过是领略到了古老的奥秘，这些奥秘在更为灿烂的时代就已为人所知，随后失去踪影或隐形匿迹。

印刷书籍为世界的组织带来了新的隐喻。书籍是一种信息的容器，以条理分明的模式设计出来，用符号对真实进行编码，或许自然界本身也是如此。《自然之书》(*The book of nature*)成了哲学家和诗人最爱的奇书：上帝已书写，我辈读之。[8] 伽利略说过："哲学写在这本宏伟的书（我是指宇宙）中，它一直吸引着我们的目光。但想要读懂这本书，就得先学会理解写成这本书的语言和字母。它是用数学的语言书写而成的……"[9]

但伽利略所说的数学并非数字："它的字符是三角形、圆形和其他几何图形，没有这些图形，人类就连这本书中的一个字都看不懂；没有这些图形，人就会在黑暗的迷宫中徘徊。"

对不同语言的学习形成了一种对语言的认识：它具有任意性和可变性。在学习拉丁语和希腊语时，牛顿曾尝试过速记字母和语音书写法，在进入三一学院之后，他又根据哲学原理发明了一种"通用"语列表，目的是团结人类的各民族。他表示："每种语言的方言实在太多，任意性又强，想要由本而发地从中合理推演出一种通用语言是行不通的。"[10] 牛顿把语言理解为一个过程，即变换或翻译的行为——把现实转换为符号形式。数学也一样，最纯粹的数学就是符号转换。

对一位孤身一人、披荆斩棘去寻路的学者来说，数学具有独特的优越之处。在获得答案的时候，牛顿通常可以在无须公开辩论的情况下判断这些答案是否正确。这个时候的牛顿开始认真研读欧几里得的《几何原本》。这本数学著作最初以希腊语残本的形式从亚历山大港流传出来，后被翻译成中世纪阿拉伯文，又被翻译成拉丁文。它教会了牛顿用几个给定的公理推导三角形、圆形、直线、球体的性质。[11]他掌握了欧几里得的定理，为日后的研究打下了基础，同时也受到笛卡儿《几何学》跨越性进展的启发。《几何学》是一本内容庞杂的小书，也是笛卡儿《方法论》(*Discours de la Méthode*)的第三篇(也是最后一篇)附录。[12]就这样，几何与代数这两大思想领域永远地连接在了一起。代数(笛卡儿说它是一种"粗俗的"艺术，[13]但仍把它作为研究主题)给未知量分配符号，把它们当作已知量来处理。符号记录信息、节省记忆，就像印刷书籍一样。[14]事实上，在文字可以通过印刷传播之前，符号的发展并无多大意义。

随符号而来的是方程：量与量之间的关系，以及其中可变的关系。这是一个全新的领域，笛卡儿最先展开了这一领域的研究。他把一个未知量当作一个空间维度——直线，那么两个未知量就构成一个平面。如此一来，不同的线段就可以叠加甚至相乘。方程生成曲线，曲线体现方程。笛卡儿打开了笼门，释放出新奇的曲线怪兽，这些曲线比希腊人研究的优雅二次曲线更变化多端。牛顿立即开始扩展笛卡儿曲线的可能性，他增加了维度，进行归纳概括，用新的坐标系将一个平面绘制到另一个平面上。他自学了计算方程的实根和复根、用多项式来表示有多个项的式子。当曲线上的无穷多个点对应无穷多个解时，所有的解就都可以被看作一个整体。那么方程就不仅仅有解，还有其他性质：最大值和最小值、切线和面积。这些性质都可以用图来表示，而且都有特定的名称。

没人知道我们所称的数学直觉是什么，对数学天才就知道得更少了。人与人的大脑并没有太大的区别，但相较于其他的能力，数字能力似乎更为罕见且特殊。它具有一个阈值。其他任何智力领域都不会像数学这样，天才和低能特才之人可以拥有那么多的共同点。从外部世界转向内心的思维方式所看到的数字都是发光的造物，可以在一串串数字中看到秩序和魔法，可以像了解自己那样了解数字。数学家也是通晓多种语言的人。创造力的一个强大来源就是翻译的能力，也就是可以用看似不同的方法讲述同样的事情。如果一种公式行不通，那就尝试另一种。

仪器草图

牛顿早期的仪器草图。

牛顿拥有无穷的耐心，此话不假，他后来曾说，真理是"沉默冥想的产物"。[15]

他还说："我始终把研究主题摆在自己的面前，等待着第一缕曙光缓缓出现，一点一点，直到它变成饱满敞亮的光明。"[16]

牛顿的"杂录"就这样一天天逐渐记满了他对数学这一最抽象的领域的研究。他如痴如醉地计算，并想出一种把方程从一组轴系转换成其他替代参考系的方法。他在一张纸页上画了一个双曲线，并计算出曲线下方的面积，也就是对它进行"平方"。牛顿超越了笛卡儿掌握的代数知识。他没有把自己局限于几个（或多个）式子的表达上，而是构造出无穷级数：永远持续下去的式子。[17] 这个无穷级数无须加到无穷大，相反，由于项数的增加而幅度越来越小，因此项数可能逼近一个目标函数或极限。牛顿构想出这样一个式子来计算双曲线下的面积：

$$ax - \frac{x^2}{2} + \frac{x^3}{3a} - \frac{x^4}{4a^2} + \cdots$$

并一直计算到小数点后五十五位，总计两千多个数字整齐地顺序排列在一页纸上。[18] 构想无穷级数并学习处理它们，这意味着转变数学的状态。牛顿这时似乎拥有了非凡的概括能力，可以把数学领域中一个或几个已知的例子概括成普遍规律。数学家们大致了解如何对两个量之和 $a + b$ 进行求幂运算。通过对无穷级数的研究，牛顿在 1664 年的冬天发现了如何对两个量之和进行任何次幂（无论是否为整数）的运算方法，即求二项式的乘方。

双曲线平方的无穷级数

牛顿对无穷兴致盎然，笛卡儿则没有。笛卡儿曾写道："我们根本就不应该进入对无穷的讨论。"

既然我们是有限的，那么让我们去确定任何与无穷有关的事情就是荒谬的，因为这就等于去限制它和支配它。所以我们不该去费心回应那些线段的一半是否无穷、一个无穷数是奇数还是偶数等疑问。任何人都不应该考虑这样的问题，除非他认为自己的思想是无限的。[19]

但事实证明，人的思想虽然围于有限的脑壳，却可以分辨出无穷并对它进行测量。

无穷的一个特征困扰着牛顿；他一次次地反复思考这个特征，一次次地推翻得出的结论，又一次次地用新的定义和符号重新阐述这个特征。那就是无穷小量的问题——这个量奇妙而不可思议，它比任何有限量都要小，但又没有小到零。欧几里得和亚里士多德对无穷小量绞尽脑汁，牛顿对它也并非信手拈来。[20]牛顿首先想到的是"不可分割"这个说法，也就是那些有可能通过无限相加而形成一个有限量的点。[21]这就引出了被零整除的悖论：

如此一来，$\frac{2}{0}$ 是 $\frac{1}{0}$ 的 2 倍，而 $\frac{0}{1}$ 是 $\frac{0}{2}$ 的 2 倍，先乘以 2，然后再用 0 除以 2^{ds}，得到 $\frac{2}{1}:\frac{1}{1}$ 和 $\frac{1}{1}:\frac{1}{2}$……

如果 0 是真正意义上的零，结果就是无意义的，但如果 0 代表某些无穷小量，即"不可分割的"量，结果就是有意义的。牛顿后来又进行了补充说明：

（结果待定）

这个无定限的 ^ 一个球体到底可以有多大，一个数字的计算值可以有多大，一种物质可以分割到何种程度，我们对时间和广延可以想象到何种程度，但所有的广延都是永恒，$\dfrac{a}{0}$ 是无穷的。[22]

将"无定限"和"待定"交替应用于数学量和认知程度，从而令这两个字眼变得含混不清。尽管笛卡儿的观点有所保留，但这已经体现出了宇宙的无限性——上帝之空间和时间的无限。无穷小量（几近没有）则是另一回事。这或许只是一个问题的正反两面：无穷大和无穷小。如果一颗大小有限的恒星可以在一段无限的距离之外被看到，那么它看起来就会无穷小。牛顿的无穷级数里的项逼近无穷小量。伽利略说："我们身在无穷大的量和不可分割的量之中，前者因其大而让人难以理解，后者因其小而让人难以理解。"[23]

牛顿试图探索更好的方法，也是更具普遍性的方法，以找到一条曲线上任意一点的斜率，以及另一个相关但曾被剔除掉的量——曲率，也就是弯曲的程度，即牛顿所说的"线的弯曲"。[24] 牛顿专注于切线，也就是过曲线上某一点与之相切的直线，如果用高倍放大镜进行观察，我们就会发现，切线就是在这一点上"变成"直线的曲线。牛顿勾画出的结构比欧几里得和笛卡儿的任何图示都更为复杂和自由。他反复思考无穷小量："那么（如果 hs 和 cd 之间的距离是一个无穷小量，否则）……""……（在这种情况下，除非从几何的角度看待无穷小量，否则这种算法是无法理解的。）……"[25] 牛顿不能回避无穷小量，于是在用到它时用一个私人符号——小写字母 o 来代替这个近乎零却非零的量。在他的一些示意图中，有时两个长度"相差无几，但无穷小"，而有时两个长度则"毫无差别"。保留这种异乎寻常的区别是至关重要的，这使得牛顿对曲线无限分割并对分割的曲线无限相加来计算出曲线的面积。他创造出"一种方法来计算可被平方的曲线的面积"[26] ——"整合"（用后来微积分的术语来说就是"积分"）。

就像代数和几何的结合，物理中对应的运动问题同样也与几何相结合。无论什么样的曲线，都必然代表了运动点的轨迹,切线则代表了运动的即时方向,一条扫过平面的直线就可以生成面积。这是从运动的角度思考,而无穷小量在这里就发挥了决定性的作用。运动是流畅的、连续的和不间断的——怎么可能会是别样的呢?物质可能缩减为不可分割的原子,但用来描述运动时,数学中的点似乎更为合适。一个从点 a 到点 b 的物体必定会经过点 a 与点 b 之间的每一个点。无论点 a 与点 b 有多么接近,两者之间必定存在一些点,就像两个数之间必定存在更多的数。但是这种连续性引出了另一种悖论,就像两千多年前古希腊哲学家提出的阿基里斯追乌龟的悖论。乌龟先出发,阿基里斯比乌龟跑得快,但他永远追不上乌龟,因为每当他跑到乌龟刚刚经过的位置时,乌龟又向前爬了一段距离。根据这一逻辑,芝诺证明了任何运动的物体都不可能到达任何指定的位置,也就是说,运动本身是不存在的。只有同时引入无穷大和无穷小的概念,这些悖论才可能被消除。哲学家必须找到逐渐减小的无穷量之和。牛顿将此视为一个用语的问题:变快、变慢、最小距离、最小进程、即时区间。

可能人人都知道运动变快和变慢是怎么一回事:运动中存在一个最小距离和一个最小进程,以及一个最小时间

段……在每一个有物体移动的时间段内都会产生运动，否
则，在这些时间段的总和内什么都不会产生：……在时间的
某一刻或某一段内没有产生运动。[27]

　　一种缺乏时间与速度计算方式的文化，也会缺乏数学
家需要用来量化运动的基本概念。当时英语中刚刚出现最
早的速度单位用词——"节"（knot），源自水手在海上唯
一的测速工具——抛入海中的测程绳。最渴望了解地球物
体运动的科学是弹道学，它测算了枪管的角度及其射出子
弹的行进距离，但几乎没有考虑速度；即便可以将速度
这个量定义为距离与时间之比，依然无法对它进行测算。
当伽利略把物体从塔顶抛下时，尽管使用了一个当时令
人难以理解的时间单位——秒，他也依然只能对速度进行
粗略的估算。牛顿被伽利略严密计算的雄心壮志所折服：
"伽利略认为，一个重 100 磅（佛罗伦萨重量单位，相当于
英制常衡的 78 磅[28]）的铁球在 5 秒内下落 100 腕尺（约 66
码[29]）。"[30]

　　1665 年秋天，牛顿做了关于"机械"线的笔记，这
种线与单纯的几何线不同。机械曲线是由一个点的运动
产生的，或由两个这样的运动复合而成的：螺旋、椭圆和

摆线。笛卡儿研究过摆线，即一个圆沿一条直线运动时，圆边界上的一个定点所形成的曲线轨迹。他认为这种奇怪的现象并不可靠，而且不是数学问题，因为人们无法用解析的方式来描述它（当时尚未有微积分）。但是这些来自全新机械领域的人造物不断地介入数学领域。风中高悬的缆绳和风帆会画出机械曲线。[31] 就算摆线是机械线，它也依旧是一个抽象概念：一种多个运动或速率以某种方式相加的产物。实际上，牛顿此时已经能够从几何和解析两个不同的角度去看待椭圆。椭圆是二次方程的体现，或是用"园丁画法"在地上画出的闭合图形：用两个钉子将一根松散的绳子固定在地面上，"用笔撑着绳子画出的图形就是椭圆"[32]。它也是一个拥有额外自由度的圆，一个消除了一种约束的圆，一个压扁的、圆心分为两个焦点的圆。牛顿设计出在机械曲线上作切线的方法，从而计算它们的斜率；同年 11 月，他提出了一种从两条或多条曲线上的切线推导两个或多个运动物体速度间对应关系的方法。[33]

牛顿通过计算曲线上间隔距离无穷小的点的关系来找到切线。在计算中，这些点几乎合并为一个，"这种在 $bc = o$ 时出现的合并消失为零。"[34] o 是一个针对无穷小量而人为设置的量，作为一个任意小的增量或某一时刻。牛顿演示了带有 o 的项如何"可以被消除"。[35] 借助这种方法，牛顿还找到了曲线的几个中心和曲线的半径来计算曲率。

如此一来，一个几何研究主题就和一个运动研究主题匹配了起来：测量曲线就是找到变化率。"变化率"本身就是抽象之抽象；速度之于位置的变化率，就如同加速度之于速度的变化率。这就是微积分中的微分。牛顿把变化率视为一个完整的体系：切线问题和求积问题是互逆的两类问题；微分和积分实质相同，运算方式互逆。这些步骤看似各不相同，但形成互逆关系。这就是微积分的基本定理，这一数学分支已成为制造发动机和测量动力的核心知识。时间与空间合二为一。"速度"和"面积"这两个看似无关的抽象概念被证明同源。

牛顿一次又一次地翻开新的篇章——在 1665 年 11 月、1666 年 5 月和 1666 年 10 月，为的是尝试提出一套"用运动解决问题"所需的定理体系。[36] 在最后一次尝试中，牛顿写满了一本用八张纸折叠缝成的二十四页小册子。他研究了朝着圆心移动的点、相互平行移动的点、"成角度"或

"成圆周"运动的点（当时还没有能够描述这种现象的语言）和沿着与平面相交的线运动的点。一个代表时间的变量构成了牛顿方程的基础——时间作为运动必不可少的背景因素。在速度发生改变时，牛顿假定速度的变化是匀速和连续的——在用 o 表示的无穷小的时刻。他写下这样的说明：

> 将所有的项设置在方程的一侧，令这些项等于零。首先，根据 x 的维数将每一项乘以 $\dfrac{p}{x}$；然后，根据 y 的维数将每一项乘以 $\dfrac{q}{y}$……如果方程还有更多的未知量，则对每个未知量进行以上算法。[37]

时间是流动的。就速度而言，位置是时间的函数；但就加速度而言，速度本身就是时间的函数。牛顿用字母上标和用语组成了自己的符号体系，将这些函数称为"流量"和"流数"：流动量和变化率。他对此进行过多次修改，但从未全部完成。

在进行这种数学创新的过程中，牛顿碰到了一个悖论。牛顿相信宇宙是离散的，他相信原子很小，但最终是不可分割的——非无穷小的。然而，他基于直线几何和平滑变化的曲线建立的数学构架却是连续的，而不是离散的。赫拉克利特在两千多年前说过："一切都在流动，没有什么是静止的。没有什么可以持久，唯有改变永存。"但是这种存在的状态——"流动"或"改变"——在当时和后来都对数学提出了挑战。在此之前，哲学家们几乎看不到连续的变化，更不用说对这种变化进行分类和估算了。现在，大自然的命运之轮让这个问题得到了数学上的解答。自此以后，空间将具有维度和量度，运动将被纳入几何的范畴。[38]

英格兰各地陷入大火和瘟疫的死亡阴影之中。数字命理学家曾警告 1666 年会是"野兽之年"（year of the beast）。伦敦大部地区躺在黑色的废墟之中：干燥的风让面包房里燃起的火蔓延到成片的茅草房，失控的大火烧了四天四夜。刚刚继位的国王查理二世历经父亲被斩首、在外逃亡数年和护国公克伦威尔之死而幸存下来，他带着王宫随从逃离伦敦。而在伍尔索普，夜空中洒满星辰，月光穿过苹果树，白天的阳光和阴影在墙上勾画出它们为人熟知的轨迹。牛顿现在明白了：那是曲线在平面上的投影和每天都有细微变化的三维角度。他看到了一片井然有序的景致，这里的居民不是静止的物体，而是规律、过程和变化。

　　牛顿写的东西都是给自己看的，他没有理由拿去示人。那一年他 24 岁，已经自己制作过工具。

注释

1　康杜特,《棣莫弗先生 1727 年 11 月交给我的关于艾萨克·牛顿爵士的备忘录》("Memorandum relating to Sr Isaac Newton given me by Mr Demoivre in Novr 1727"):

(16)63 年,他在史托尔桥集市上买了一本关于占星术的书……他读了又读,直到眼前呈现出各种天体的轮廓,却因为不熟悉三角学而无法理解这些内容。他买了一本三角学的书,但无法理解书中的论证。他借助欧几里得的论述去理解三角学的理论。他只阅读这些命题的标题,并觉得非常容易理解,以至于纳闷儿有谁会闲来无事去论证这些命题。当读到底相同、在相同平行线之间的平行四边形相等,以及直角三角形斜边之平方等于其他两边平方之和的命题时,他开始改变想法。

参见 Keynes MS 130.4;《自然哲学的数学原理》,第一卷,第 15 页。

2　因此,怀特赛德说道:"我们或许也会感到有些失望,因为牛顿只读过这么几本标准的当代数学著作,或者说他并没有留下读过其他著作的任何线索——我们在他早期的手稿中没有看到过纳皮尔、布里格斯、笛沙格、费马、帕斯卡、开普勒、托马拆利的名字,甚至也没有见到阿基米德和巴罗的名字。"《牛顿早期数学思想的渊源和长处》("Sources and Strengths of Newton's Early Mathematical Thought"),罗伯特·帕尔特编著的《艾萨克·牛顿爵士的奇迹之年:1666 至 1966》(The Annus Mirabilis of Sir Isaac Newton: 1666–1966),第 75 页。除了牛顿的笔记,他对阅读内容的二手和三手回忆,包括那本"占星术的书",都在亚伯拉罕·棣莫弗的一本记事簿(Add MS 4007)中保留了下来;以及《通信集五》,信函 394。

3　一些人幸免于瘟疫,但很多人没有躲过一劫。剑桥的《疫情终报》(Plague Bill)称,从 1664 年 6 月 5 日至 1665 年 1 月 1 日,共有 758 人死亡,其中只有 9 人不是死于瘟疫。约有 400 人感染瘟疫并康复。伊丽莎白·里德姆－格林,《剑桥简史》(A Concise History of the University of Cambridge),第 74 页。

4　这是唯一一封保存下来的牛顿母亲(或其他近亲)的信件。信纸的边缘已经破损,一些字迹已无法辨认。《通信集一》,信函 2。

5　Add MS 4004。

6　这一"年"(牛顿的信徒在传统上认为的"奇迹之年")跨越 18、20 或 25 个月。讲究的牛顿信徒们有时更喜欢说那是奇迹之年的"神话"。德里克·杰特森毫不留情地揭穿了这个神话："这种描述显然具有误导性，因为……无论是 1665 年还是 1666 年，都没有任何受到青睐的理由……尽管如此，这位 24 岁的大学生在很短的时间内创造了现代数学、力学和光学的说法确实属实，而且毫不夸张。在思想史上，几乎没有类似的情况。"德里克·杰特森〔《牛顿手册》(Newton Handbook)，第 24 页。参见德瑞克·托马斯·怀特赛德，《数学家牛顿》；参见泽夫·巴赫勒的《当代牛顿研究》，第 115 页〕写道："17 世纪从未有人像牛顿那样在如此短的时间内建立起如此庞大的数学专业知识的储备，而且大部分是他的个人发现。"

无论如何，牛顿在伍尔索普待了大约 20 个月，但曾在 1666 年春季短暂返回剑桥。

7　阿尔弗雷德·诺思·怀特海指出，1500 年欧洲的数学家少于希腊阿基米德时期的数学家。菲利普·J. 戴维斯和鲁本·赫什，《数学经验》(The Mathematical Experience)，第 18 页。

8　"他获得了三倍的快乐，的确／在读过自然的神秘之书以后！"安德鲁·马维尔，《论阿普尔顿庄园，致费尔法克斯勋爵》("Upon Appleton House, to My Lord Fairfax")。

9　伽利略，《试金者》(Il Saggiatore，1623 年)，参见《1618 年彗星论战》(The Controversy on the Comets of 1618)，第 183-184 页。

10　拉尔夫·W. V. 艾略特，《艾萨克·牛顿的"关于通用语言"》("Isaac Newton's 'Of an Universall Language'")，第 7 页。

11　德瑞克·托马斯·怀特赛德，《数学家牛顿》，参见泽夫·巴赫勒的《当代牛顿研究》，第 112-113 页。牛顿带有注释的《几何原本》学习笔记，三一学院图书馆，NQ.16.201。

12　约翰·康杜特带有浪漫色彩的记录〔Keynes MS 130.4，参见《艾萨克·牛顿的数学研究》(The mathematical works of Isaac Newton)，第一卷，第 15-19 页〕：
那时年纪尚轻的牛顿已经开始研读笛卡儿的《几何学》(笛卡儿在他的《信札》中带着某种蔑视的语气说这本书很难理解)。他从最晦涩难懂的研究和书籍开始，就像一匹精神振奋的骏马，必须首先在艰险之地、最艰难和最陡峭的道路上受挫，否则就有可能成为脱缰的野马。在读了两三页且无法理解时，太过内向和羞怯的牛顿不愿去请教任何人，于是他重新开始读，读上三四遍，一直读到另一个艰深之处，然后又开始重读并取得一些进展，之后再继续这么读下去，直到他不仅在没有任何来自他人的指导和解释的情况下掌握了全部内容，而且还发现了笛卡儿的错误。……

牛顿在 1664 年夏天阅读了斯霍滕的拉丁文译本。在对自己数学思想发展历程的回忆中，牛顿试图最大限度地淡化笛卡儿的影响，但怀特赛德的阐述更为令人信服："牛顿在 1664 年最后几个月中得以保存下来的一厚摞研究论文有力地证实了，其数学思想的确受到笛卡儿的《几何学》中上百页内容的启发……我可以断言，《几何学》让牛顿第一次真正认识到代数中自由变量的泛化能力，认识到它可以泛化特定量并令其内部结构一目了然的能力。"《数学家牛顿》，参见泽夫·巴赫勒的《当代牛顿研究》，第 114 页。

但牛顿还针对《几何学》写了很多批评注释，比如"错误，错误，这不是几何"和"不完美"。三一学院图书馆，NQ.16.203。

13 "它看起来不过是那种被人们称为'代数'这一粗俗之名的艺术，如果它能够从各种数字和将之淹没的难解图形中挣脱出来的话……"笛卡儿，《指导心智的规则》（*Regulæ ad directionem ingenii*），规则四，第 5 页。

14 这一新发现的事实必须被明确地加以阐述。迈克尔·马奥尼在《代数思想的发端》（"The Beginnings of Algebraic Thought"）中引述了笛卡儿的话："那些眼下不需要关注，但对结论而言必不可少的事情，应该用简要的符号而不是整幅图解来表示：这样我们就不会忘记，也不会在此期间因这些需要留存下来的事情而分心。"

15 Keynes MS 130(7)，盖尔·E. 克里斯蒂安森，《在造物主的面前》（*In the Presence of the Creator*）引述，第 66 页。

16 《大不列颠传》（*Biographia Britannica*，伦敦，1760 年），第五卷，第 32-41 页；理查德·S. 韦斯特福尔，《永不止息》（*Never at Rest*）引述，第 174 页。

17 对无穷级数的认识源于代数中对 π 的表达方式的研究。牛顿的前辈詹姆斯·格雷果里，尤其是约翰·沃利斯，率先在这一问题上取得了进展。从最简单的意义上来说，人们一看到小数符号就会想到无穷级数。在少量得以保存下来的牛顿早期的研究资料中，牛顿在其中一份上写道："如果用小数来表示 10/3，它就会是 3. 333 333 33…。而每个数字仅代表分数 10/3 中的一个数位，因此这个分数就可以被分成无穷个部分。"《问题》，第 65 页。

18 《牛顿数学论文集》，第一卷，第 134-141 页；理查德·S. 韦斯特福尔，《永不止息》，第 119-121 页。牛顿认识到，这又是一个隐藏的问题，也就是对数的计算。多年后，牛顿回忆道："我当时无论走到哪里都随身带着这些计算的草稿，别的事一概不理，因为在那个时候，我对这些发现感到实在太高兴了。现在说起来真是觉得惭愧。"牛顿致奥尔登堡的信，1676 年 10 月 24 日，《通信集二》，信函 188。

19　笛卡儿，《哲学原理》(*Principles of Philosophy*)，参见《笛卡儿哲学著作集》(*The Philosophical Writings of Descartes*)，第一卷，第 201 页。

20　即使在此七十年后，最早的后牛顿微积分论文之一，约翰·寇森加注的 1737 年版《流数与无穷级数法》(*The Method of Fluxions and Infinite Series*)，以如下方式对这一既危险又陌生的主题进行了讨论："……这个量是无限可除的，或到目前为止（至少在智力上）是可以在最终完全消失之前不断减小的，以得到可以被称为消失量的量，或者无穷小的量，它比任何可指定的量都要小……"参见 I. 伯纳德·科恩和理查德·S. 韦斯特福尔的《牛顿：文章、背景与评论》(*Newton: Texts, Backgrounds, Commentaries*)，第 400 页。

21　《关于量》("Of Quantity")，《问题》，第 25 页；《牛顿数学论文集》，第一卷，第 89 页。

22　《问题》；参见《牛顿数学论文集》，第一卷，第 90 页，n. 8。

23　伽利略，《论述》(*Discorsi*)。

24　《牛顿数学论文集》，第一卷，第 280 页。

25　同注 24，第 282 页。

26　同注 24，第 302 页和第 305 页。

27　《问题》，第 10 页。

28　1 磅 ≈ 0.45 千克。——译者注

29　1 码 ≈ 91.44 厘米。——译者注

30　《问题》，第 68 页。

31　参见《牛顿数学论文集》，第一卷，第 377 页；迈克尔·马奥尼，《自然的数学范畴》("The Mathematical Realm of Nature")，参见丹尼尔·加伯和迈克尔·埃尔斯的《剑桥十七世纪哲学史》(*Cambridge History of Seventeenth-Century Philosophy*)，第 725 页。

32　《牛顿数学论文集》，第一卷，第 29 页。

33　"通过它们描绘的线来找到物体的速度。"《牛顿数学论文集》，第一卷，第 382 页。

34　《牛顿数学论文集》，第一卷，第 273 页。

35　牛顿在很久以后回忆道："在我研究一个数学问题的真相或解决办法的时候，我会使用各种近似值，而忽略了要写下字母 o，但在我证明一个命题的时候，我总是会写下字母 o，并完全遵照几何的规则。"Add MS 3968.41。

36　《牛顿数学论文集》，第一卷，第377ff页；第一卷第392ff页和第一卷第400ff页。《1666年10月流数摘要》（"The October 1666 Tract on Fluxions"，Add MS 3958）在296年后首次发表在A. 鲁泼特·霍尔和玛丽·博厄斯·霍尔编著的《未发表的科学论文》（*Unpublished Scientific Papers*）中，第15-65页。

37　《牛顿数学论文集》，第一卷，第402页。

38　正如柯瓦雷所说的："这一转变的完成是牛顿得以不朽的贡献之一……从某种意义上来说，数学实体必须进一步向物理学靠近，经受运动的洗礼，并在其'变成'或'变化'而非'存在'中对之进行观察。"《牛顿研究》（*Newtonian Studies*），第8页。

N E W T O N

4

I S A A C

第四章

两个伟大的天体

ISAAC
NEWTON

历史学家曾把牛顿看作一个终点：人类发展中一个通常被称为"科学革命"的篇章的"顶点"和"高潮"。之后，"科学革命"这个叫法在使用时就需要加上具有抱歉和讽刺意味的引号了。[1] 在谈到人类文化发展的转折点，也就是理性完胜非理性的时代，双重性是合乎情理的。科学革命是一个故事，一个带有后见之明的叙事框架。但它存在于现在，也存在于过去，不仅仅存在于历史学家回望过去的视野中，也存在于 17 世纪英格兰和欧洲一小拨人的自我意识中。这些人正如他们自己所想的，是大师级人物。他们在知识领域中看到了新的事物，他们试图表达新的事物，他们创建了新的学派和团体，并开辟了传播渠道来推广他们对过去的突破——他们的"新"科学。

我们称科学革命是一种流行病，在两个世纪里横扫整个欧洲大陆。物理学家大卫·古德斯坦曾说:"科学革命将驻足英格兰,驻足在艾萨克·牛顿这个人身上。但在北上的路途中,它曾在法国短暂停留……"[2] 或者说这是一场接力赛,由一支英雄队伍把接力棒依次传递下去:从哥白尼到开普勒,到伽利略,再到牛顿。又或者说,这是对亚里士多德宇宙论的推翻和破坏:亚氏的世界观在伽利略和笛卡儿的抨击下步履蹒跚,并最终在 1687 年牛顿出版了一本新书后寿终正寝。[3]

在很长一段时间里,地球被认为是万物的中心。群星按照各自的规律旋转。只有一些发光的物体让人们感到困惑——行星,这些犹如神或信使一般的流浪者在群星组成的固定背景中不规则地移动。1543 年,波兰天文学家、占星家和数学家哥白尼在去世前出版了伟大的著作《天体运行论》(*De Revolutionibus Orbium Coelestium*)。在这本书中,他指定了行星的轨迹,将这些轨迹解析为完美的圆环;他认为地球是运动的,并在宇宙的中心设置了一个静止的太阳。[4]

在不断生长的数据丛林和数千份详尽记录的观察结果中探寻更多规律的开普勒宣称,行星的运动轨迹不可能是圆环。他怀疑行星的轨迹是一种已为古人所知的特殊曲线——椭圆。就这样,开普勒推翻了一种天体完美论,并探寻其他的新天体论,他狂热地相信宇宙是建立在几何和谐之上的。他断言一条从行星到太阳的假想线在相同时间内扫过的面积是相等的,从而找到了几何学和运动之间的精妙联系。[5]

伽利略拿起小望远镜(将眼镜镜片塞入一根空心管中制成),并望向夜空。透过小望远镜看到的景象既令他振奋,又令他不安:几个卫星绕着木星旋转,太阳光洁无瑕的面孔上竟然有斑点,一些从未见过的星体——"数量是从前已知星体的十倍以上"。[6]他发现,"根据所有确凿的感官证据,月球的表面并不是光滑的,而是粗糙和凸凹不平的"。月球上有山脉、山谷和峡谷。(伽利略还认为自己探测到一种含有浓稠发光蒸气的大气。)

伽利略不遗余力地详尽记述下一个当时人们还很陌生的算术事实:因为在他的小望远镜中,月球的直径看起来大了30倍,所以月球的面积看起来就大了900倍,而体积看起来就大了27 000倍——平方定律和立方定律,这是他的天文观察报告《星际信使》中唯一的数学运算。[7]

　　把这些光点看作天体颇为奇怪，而将一个世界——"整个"世界——看作一个普通如石头一般的运动物体就更奇怪了。但是，如果不了解运动，谁都无法对天体进行辨认。没有动力学，就不可能有宇宙学。伽利略意识到了这一点。他于 1610 年在佛罗伦萨的天空中看到的景象，英文写作者们后来曾试图将其传达给下一代人。在伦敦，年轻的牧师约翰·威尔金斯开始撰写匿名长文。1638 年，他发表了处女作《发现新世界，或尝试证明月球上可能存在另一个可居住世界的论文》（*The Discovery of a New World ; or, a Discourse tending to prove, that it is probable there may be another habitable World in the Moon*）。[8]

　　在所有的天体之谜中，月球是个特例——它如此近，如此多变，如此惊人。月球令意志薄弱之人发疯，人犯疯病都是以月为周期的。恩培多克勒把月球看作"一个由纯净凝结水汽构成的球体，就像封在火球里的冰雹"。亚里士多德认为月球是个不透明的固体，而尤利乌斯·凯撒则说它必定是透明和纯净的，与天空同质。整夜的简单观察未能解释关于月球的问题。威尔金斯写道："你或许能够很快说服乡间的某位农民相信月亮是鲜奶酪做成的，就像让他相信月亮比他的马车轮子要大一样，因为这与农民肉眼所见的情形相矛盾，而农民没有足够的理性去引导自己超越感官的体验。"[9]

在没有外界帮助的情况下，理性能够把人带到多远？弗朗西斯·培根在担任皇家法律顾问和首席检察官期间曾反复操练推理和驳论，他对一种仅仅建立在文字、炫耀、对既有观念的精心编造之上的自然哲学感到悲哀。

所有目前已被接受的自然哲学，要么是希腊人的哲学，要么是炼金术士的哲学……一个是某些粗略观察的结果，另一个是炉中实验的结果。一个擅长堆砌文字，另一个精于炼制黄金。[10]

培根为实验做出了辩护——设想出把真相从假象中分离出来的"关键性实例"。月球是像火焰一样的空气状球体，还是高密度的固体状球体？培根提议，既然月球反射太阳的光，那么一个关键性实例就是证明火焰或其他稀有物体能不能反射太阳光。培根还提议，或许月球也能"抬高水体"，并"让潮湿的物体膨胀"。他提议将这种现象称为"磁力运动"（magnetic motion）。[11]

威尔金斯引述了很多权威人物对月球的观察，比如古希腊作家、史学家希罗多德，盎格鲁－撒克逊时期的教会学者"可敬者"比德，罗马教会的诸神，斯多葛派学者，先知摩西和意大利神学家托马斯·阿奎纳。但最后，他选择了另一个人的观察作为见证。

> 我最为支持的是伽利略的观察，就是他发明了那台著名的望远镜，让我们可以清晰地看到距离较近的天体，让那些从前被人猜想的东西变得可以被看到，并毫无例外或毫无疑问地被清楚地发现。[12]

透过这台望远镜，伽利略可以在十六英里远的地方清晰地看到肉眼在一英里半的地方都很难看到的东西。他看到了高山和峡谷，看到了一团厚厚的蒸汽，这距离推断风雨、季节和天体只有一步之遥了，因此，威尔金斯得出了月球上有居民的结论。威尔金斯承认："他们是什么样子，尚不确定。但我认为未来会有更多的发现；我们的后代也许会发明一些方法，让我们能够更好地认识这些居民。"他说，在发现飞行的艺术之后，我们就应该设法把殖民地移植到那个世界去。毕竟，时间是真理之父，人们经历了数个世代才跨越海洋，并在世界的另一端发现其他的人，那么月球肯定还有其他妙不可言的奥秘有待发现。

威尔金斯敦请世人不要因为他的观点非同寻常就拒绝接受它们。另一个新世界的惊人发现令世人难以消受："在哥伦布允诺去探索地球另一端的时候，他又承受了多少怀疑的目光呢？"

不过，威尔金斯同意，多个世界的观点带来了矛盾的困境。最令人费解的问题就是重物落下的趋势：它们的"重力"。"如果物体之重有两个位置，物体之轻有两个位置，那会是怎样的一团乱麻且让人困惑啊！"[13] 那另一个世界的物体会朝着哪个方向下落？那里的空气和火会上升到哪里？我们可不可以认为月球的碎片会落到地球上呢？

威尔金斯用哥白尼和开普勒的说法回答了这些问题，他提出两个世界必然有两个重力中心。"月球上的居民掉落在地球上的危险不会超过我们对掉落在月球上的恐惧。"他提醒读者注意重力的单纯性质："别无他，但这种特质会使物体产生朝着自己中心下落的趋向。"[14]

新世界的发现点燃了亚里士多德的重力概念崩塌的导火索。这是不可避免的。多个世界涉及大量的参考系。在哲学家的想象中，"上"与"下"违背惯常经验而成为相对的概念。威尔金斯在面对下面这个问题时并没有退缩：一个被送至高到可能离开"它确实所属的那个磁力球体"的高度的物体（可能是一颗子弹）会发生什么。威尔金斯做出了判断，它可能就会停下来。在地球的影响范围之外，地球的碎片应该失去重力，或是对重力的感应。他提出了一种"类比"：

由于任何发光的物体（假定是太阳）确实在一个球形范围内向外发出光束，因此同样地，任何磁性物体，比如一块圆形磁铁，也会在一个球形范围内向外释放磁力……任何其他可能因受到影响而进入这个球形范围内的物体都将很快朝着这个范围的中心下落，由此，物体就可以被定义为重。但是，如果把物体放在这个球形范围之外，那么物体向范围中心靠拢的趋势就会停止，物体的运动也因此而停止。[15]

牛顿小时候在格兰瑟姆借住在药剂师克拉克家时就读过威尔金斯的小册子。[16]不管他对月球还有什么其他的想法，他知道月球是一个在太空中高速穿行的伟大星体。问题在于为什么会这样。真像笛卡儿所说的那样，它是在涡旋中被带动的吗？牛顿知道月球有多大，距离有多远。由于巧合，月球的大小看上去几乎和太阳的完全一样，只差大约二分之一弧度，正是这一巧合产生了日食的壮观景象。这时有必要建立贯穿众多不同规模数量级的精神联系：在日常与无法想象的广袤之间。牛顿坐在自家农舍后面的花园里不断思考几何问题，他仿佛看到其他的球状物在茎上晃动。在 20 英尺外，一个两英寸高的苹果在空中对向同样的二分之一弧度。这些比率是后天的，他的脑中刻画的是欧几里得的全等三角形。在思考这些物体的大小时，牛顿的脑中自动生成了一个反平方法则：$1/x^2$ 的某种变化形式。一个在两倍距离之外的盘形物，其亮度看起来并非只有二分之一，而是四分之一。

和古希腊人不同，牛顿渴望将数学的和谐和抽象扩展到他所在的这个凡俗世界中。苹果不是球体，但他知道苹果和地球上的其他物质一起在宇宙空间中每天旋转 25 000 英里（指赤道之上）。那么，为什么苹果只是轻巧地向下悬挂在树枝上，而不是像一颗拴在绳子一端旋转的石子那样向外抛射而出呢？同样的问题也适用于月球：是什么推动或拉动月球离开一条直线轨迹的呢？

许多年以后，牛顿至少告诉过四个人，他的灵感来自伍尔索普花园里的苹果——可能真有一个苹果从树上掉了下来，也可能没有。牛顿的笔记中从来都没有提到过苹果。

他只是回忆说：

　　我开始去想延伸到月球上的重力……

——作为一种力，重力具有更大的影响范围；没有减损，也没有边界——

　　并计算了将月球保持在其轨道上的力和地球表面的重力……结果发现这两个力的大小几乎是相等的。这些研究都是在 1665 年到 1666 年的大瘟疫期间完成的。因为在那段日子里，我正处于创造的巅峰时期，自那以后，我再也没有像那段时期一样地专注于数学和哲学。[17]

　　伏尔泰和其他回忆者确实提到过苹果，而对他们回忆的二手和三手记述逐渐形成了科学发现史上最经久不衰的一个传奇。[18] 其中最大的误解是，牛顿不需要苹果来提醒自己物体会朝地面掉落。伽利略不仅看到了物体的掉落，而且还从塔顶把物体放落，并让物体从斜面滚下。他已经掌握了加速度的要义，并尝试对其进行测量。但他断然拒绝对此做出解释。伽利略写道："现在似乎不是研究加速度成因的恰当时机……（而）现在只需要研究和演示加速度的某些特性（无论加速的成因为何）。"[19]

　　牛顿也并非一下子就明白了万有引力是怎么一回事。1666 年，他才刚刚开始理解其中的原理。在后来的几十年中，他从没对人说起过自己对引力的猜想。

　　苹果自身没有什么出奇之处。它是一对相似事物中的一个——月球的顽皮双胞胎。苹果朝地面掉落，月球也朝地面掉落：从一条直线上掉落下来，绕着地球掉落。苹果和月球的例子是一个巧合，是一种概括，是一种跨界的跳跃，是从近到远、从凡常到无垠的一跃。在书房中和花园里，在独自一人的不断思索中，牛顿的脑中不断涌现出最新的几何模式和分析，他把看似不相干的思想领域联系了起来。但是，他依然没有把握。他的计算模棱两可，他只是"发现这些计算得出的答案颇为相近"。牛顿尝试达到当时任何原始数据都无法证明的罕有精确度。他设定 1 英里等于 5000 英尺。[20]他将地球赤道经度的 1 度所对应的距离设定为 60 英里，误差约为 15%。有些测量单位是英制，有些是古拉丁制，还有一些则是意大利制：英里、罗马步、臂、步尺。牛顿提出了地球的自转速度：16 500 000 腕尺每 6 小时。[21]他试图计算出物体由重力引起的下落速度。他用新的换算方式来表达伽利略的计算结果：100 肘每 5 秒。[22]他尝试将重物挂在绳子上并让其绕圈摆动（圆锥摆）来得出自己的测量结果。这种方式需要耐心。他注意到这个圆锥摆在一小时内"嘀嗒"了 1512 下。[23] 他得到的重力常量是伽利略计算结果的两倍多。他得出的结论是，地球表面的物体受重力向下吸引的强度是地球旋转将物体抛甩出去的强度的 350 倍。

为了让运算能够成立，牛顿必须假设吸引力会随着物体与地心距离的缩短而迅速减弱。伽利略曾说过，物体匀速下落，无论它们距离地球有多远。牛顿感觉到这个推论肯定是错误的。重力仅仅随着距离的缩短而成比例地减弱是不够的。他估算地球对苹果的吸引力大约是地球对遥远月球的吸引力的 4000 倍。如果这个比例（就像亮度和表观面积）取决于距离的平方，那么问题就基本得到解决了。[24]

牛顿估算出月球到地球的距离大概是地球半径的 60 倍。如果月球到地球的距离是地心到地表的距离的 60 倍，那么月球上的重力就是地球上的 1/3600。他还通过一个受到开普勒的观测结果启发的观点得出了同样的平方反比定律：行星绕太阳公转的时间按照其与太阳的距离呈 3/2 次幂增长。[25] 但凭借当时掌握的数据，牛顿无法解释估算出的数据。他依然觉得月球的一部分运动还得用笛卡儿的涡旋理论来解释。

牛顿需要新的运动原理和力原理。他曾在自己的《问题》(*Questions*)中做过尝试。在瘟疫肆虐期间,他又开始了新的尝试,并在"杂录"中写下几个"公理":

1.一个物体一旦开始运动,除非受到某种外因的作用,否则就会一直运动下去;

2.一个物体将保持直线运动(运动的终点和速度不变),除非有外因改变其运动状态。[26]

这样一来,圆周运动(轨道运动)就需要另外的解释。以上公理中的外因就需要得到确定。牛顿为自己提出了一个挑战:这个外因很可能是可以量化的。

3.让物体停止运动所需的力,恰好等于让物体开始运动所需的力。

牛顿又陆续提出了十几个公理,构成了一个逻辑体系,但含混不清。语言的混乱,也就是那些定义不明的词语和还不存在的词语给他造成了麻烦。牛顿认为"力"是可测量的,但用什么单位来测量?力是否像笛卡儿所说的那样,是物体所固有的?或者力是一个外来因素,撞击在物体上并改变一个不同名称的量:"运动量"或"状态变化量"[27]，还是"整体运动"或"运动的力"？无论这个缺失的概念是什么，它都与速度和方向不同。于是，牛顿提出了公理 100：

一个物体一旦开始运动，其速度、数量和终点将保持不变。[28]

24 岁的牛顿相信自己能够整理出一套完整的运动科学，只要他能找到合适的用语，并给这些用语进行正确的排序。用数学写作，牛顿创造出自己的符号，并把它们组合成一幅五光十色的画面。用英文写作，牛顿则受到自己所掌握的语言的束缚。[29] 有时，他的沮丧之情清晰地显现在文字之中。公理 103：

……由于物体 a 是相对物体 b 来说的，因此，引发相同速度的力或力度功效或原因性质也是相对……[30]

"力、力度功效、性质"——还少了些什么，而那就是尚未诞生的运动定律。

注释

1　20 世纪最后一本关于科学革命的权威著作——史蒂芬·夏平的《科学革命》(*Scientific Revolution*) 在开篇写道:"历史上没有科学革命这回事,而本书想讨论的正是这个命题。"

2　大卫·古德斯坦和朱迪斯·R. 古德斯坦,《费曼遗稿》(*Feynman's Lost Lecture*),第 39 页。

3　"1687 年,牛顿的《原理》的出现改变了一切……(《原理》)不断地证明亚里士多德的地心说宇宙论是站不住脚的。1687 年之后,中世纪的宇宙论变得无关紧要,因为它甚至都无法再代表一种在最低程度能够替代牛顿宇宙论的说法。它就这样在无人为之惋惜的情况下消失了。"爱德华·格兰特,《行星、恒星与天体》(*Planets, Stars, and Orbs*),第 10 页。

4　然而,I. 伯纳德·科恩却把哥白尼掀起的革命看成"18 世纪历史学家的一次凭空捏造"。科恩声称,这场革命"与哥白尼毫无关系,最多只能说是伽利略和开普勒的功劳"。《科学革命》,第 x 页。同时,科恩和其他学者认为,牛顿的阅读虽然涉猎甚广,但他可能从来没有读过伽利略的《论述》或开普勒的任何著作。直到去世,牛顿也没有考虑过将任何托勒密、哥白尼或第谷的著作纳入自己的藏书范围。德瑞克·托马斯·怀特赛德,《艾萨克·牛顿的数学研究》引述,第四卷,第 3n 页和第 6n 页。

5　今天,我们说这些是开普勒三定律的前两条。我们通常认为这三条定律是在 1609 年开普勒出版其巨著《新天文学》(*Astronomia Nova*) 的时候发布的。开普勒当时还提出了一个引力的概念:"引力是同类物体之间相互吸引的趋势(磁力就是引力的一种)。"但是,到了《原理》出现的年代,也就是 17 世纪末,只有少数天文学家认为开普勒的观点是无可争辩的真理;虽然牛顿在《原理》中把开普勒看作一位重要的先驱,但也没有接受这一观点。I. 伯纳德·科恩指出:"看来很清楚,在 1687 年以前,科学界并没有什么开普勒的革命。"《科学中的革命》(*Revolution in Science*),第 132 页;德瑞克·托马斯·怀特赛德,《牛顿关于行星运动的早期思想》("Newton's Early Thoughts on Planetary Motion"),第 121 页;德里克·杰特森,《牛顿的成功》("Newton's Success"),参见约翰·福威勒等人编著的《要有牛顿!》,第 25 页。

6　伽利略,《星际信使》,参见《伽利略的发现与见解》(*Discoveries and Opinions of Galileo*),第 27f 页。

7　唯一的数学运算,只不过伽利略声称月球和地球之间的距离是地球直径的 60 倍（差了两倍），并对月球山脉的高度进行了粗略的计算，声称其高度为四英里（正确），而地球山脉的高度连一英里都不到（错误）。在某一时刻，看到月球要比看到地球更容易。

8　两年后：《关于新行星的论述，倾向于证明我们的地球很可能是行星中的一个》(*Discourse concerning a New Planet; tending to prove, that it is probable our Earth is one of the Planets*)。威尔金斯还撰写了一本深得青年牛顿青睐的书——《数学的魔法》(*Mathematical Magick*)。

9　约翰·威尔金斯，《数学与哲学研究》(*Mathematical and Philosophical Works*)，第 34 页和第 11 页。

10　弗朗西斯·培根，《致敬：知识的赞歌》("Of Tribute: Praise of Knowledge")，《培根随笔集》(*Francis Bacon The Major Works*)，第八卷，第 125 页。

11　弗朗西斯·培根，《新工具》(*Novum Organum*)，第 217 页和第 260 页。

12　约翰·威尔金斯，《数学与哲学研究》，第 47、第 49、第 97、第 100、第 100-113 页。对于飞向月球的旅行，威尔金斯确实考虑过载货的问题："我们难以想象一个人如何才能携带如此多的行李，以满足他在漫长乏味的旅行中的需要。"

13　同注 12，第 4 页和第 13 页："因为另一个世界的地球可能会落到这个中心上，所以这里的空气和火也会上升到另一个世界的那些区域中去；这就必然会……造成极大的混乱……"

14　同注 12，第 61 页和第 14 页。

15　同注 12，第 114 页。

16　牛顿把威尔金斯的一些论述摘抄到自己的"格兰瑟姆笔记簿"(Grantham notebook) 上。(参见弗兰克·E. 曼努埃尔，《艾萨克·牛顿肖像》，第 11 页；德里克·杰特森，《牛顿手册》，第 612 页。) 威尔金斯还阐述了"秘密写作"的体系——如何通过晦涩、自创或编码的字符来隐藏想要表达的意思〔《水星或秘密而迅捷的信使》(*Mercury or the Secret and Swift Messenger*)，1641 年〕。他后来成了神学博士和杰出的国会议员，并与奥利弗·克伦威尔的妹妹结婚，不久后当上了三一学院的院长，但没当多久就因为查理二世的复位卸任。他搬去了伦敦，并成为英国皇家学会理事会的成员。

17　约翰·赫维尔，《牛顿〈原理〉的背景》(*The Background to Newton's PRINCIPIA*)，第 67 页；Add MS 3968.41；理查德·S. 韦斯特福尔，《永不止息》，第 143 页。

18　这段故事主要来自四个人的回忆：牛顿的外甥女，凯瑟琳·巴顿；马丁·福克斯，皇家学会的副主席；凯瑟琳·巴顿的丈夫，约翰·康杜特；

牛顿的第一位传记作者，威廉·斯塔克利。斯塔克利写道（《艾萨克·牛顿爵士生平回忆录》，第 20 页）："牛顿正在思考重力的概念……他正坐着沉思，一个苹果掉了下来。"

伏尔泰曾经先后在《史诗随笔》（*An Essay on Epick Poetry*）和《哲学通信》（第 75 页）中讲到这个故事："1666 年，牛顿避居剑桥附近的乡间。他在花园里散步，看到有些水果从树上掉了下来，这让他陷入了对水果重量的思考，这乃是所有科学家长期孜孜以求却徒劳无果的一个问题，而普通百姓则从未想过这个问题里会包含着什么样的奥秘。"

康杜特则回忆道："在花园里沉思时，他想到重力的力量（把苹果从树上带到了地上）并不仅限于地球上的某段距离，这种力量要比我们想象中延伸得更远。他自言自语道：'为什么不能远到月球呢……'"Keynes MS 130.4。

关于苹果的故事自成一体，并在几个世纪中不断演变。或许最令人叫绝的要数 20 世纪的版本：苹果砸到了牛顿的头上。可能没有必要这样编排。

韦斯特福尔的说法颇为引人注目（《永不止息》，第 155 页）："这个故事通过把万有引力看作一个聪明想法的方式而令其通俗化。"当然了，但这确实是一个聪明的想法，我们对此深有感触。无疑，这就是苹果的故事能够深深植根于我们的集体意识的原因。这个聪明的想法是一种预先存在的无意识知识（动物和小孩都知道物体会掉到地上）的产物。这个聪明的想法就是，这种现象牵涉到一种有待命名、研究和测量的力。韦斯特福尔还补充说："聪明的想法无法塑造科学的传统。"这似乎也是不言自明的。但苹果的故事确实发挥了这种效果。

19　伽利略，《关于两门新科学的对话》（*Dialogues Concerning Two New Sciences*），第 166 页；I. 伯纳德·科恩，《富兰克林与牛顿》（*Franklin and Newton*）引述，第 103 页。

20　一份所谓的"皮纸手稿"（vellum manuscript，在一份租约的反面）上写满了一套详细的算法。Add MS 3958.45；约翰·赫维尔，《牛顿〈原理〉的背景》，第 183-191 页。

21　"腕尺"是从肘部到指尖的距离。约翰·赫维尔，《牛顿〈原理〉的背景》，第 184 页。

22　托马斯·萨鲁斯伯里，1665 年。

23　约翰·赫维尔，《牛顿〈原理〉的背景》，第 186 页。

24　它们与太阳距离的立方相当于给定时间内转数的平方：离开太阳所用的力就会相当于与太阳距离的平方。Add MS 3958，参见约翰·赫维尔的

《牛顿〈原理〉的背景》，第 197 页；理查德·S. 韦斯特福尔，《永不止息》，第 152 页。同样的思路：《原理》，第三卷，命题 10、推论 3 和推论 5（第一版），牛顿在此处明确地将行星接收到的太阳热量看作一种距离的作用。

25　这就是后来我们所知的开普勒第三定律——周期定律。

26　约翰·赫维尔，《牛顿〈原理〉的背景》，第 141 页。笛卡儿已经对运动和静止的物体提出了这样的原理，尽管那不是圆周运动。这一原理依然违背了人们对移动物体的直觉。托马斯·霍布斯在 1651 年写道："当一个东西静止不动的时候，除非有什么别的东西搅动了它，否则它就会永远保持静止不动，这是一个没有人怀疑的真理。但是，当某个东西处于运动中时，它将永远处于运动中，除非有什么别的东西让它停下来，尽管原因是相同的（即任何事物都无法改变自身），却没那么容易让人赞同。"人会因为感到累而停止运动，所以他们想象无生命的物体也会这么做。"于是，不同流派的人会说，疲惫的沉重物体会沉下来休息，并在那个最适合它们的地方保持本态。"《利维坦》（Leviathan），第二章。

27　约翰·赫维尔，《牛顿〈原理〉的背景》，第 158 页。

28　同注 27，第 153 页。

29　拉丁文也没有比英文好到哪里去。在试图用更简单或更基础的概念系统地定义新概念时，牛顿总是碰壁——不断回到原处。但他一直尝试。他在一本没有标注日期的记事簿（Add MS 4003）中写道："'数量''持续时间'和'空间'这些用语太过为人所知，以至于难以用其他的词进行定义。

定义 1："位置'（Locus）是均匀填充着某些东西的空间的一部分。

定义 2："物体'（Corpus）是填充位置的东西。

定义 3："静止'（Quies）是停留在同一位置。

定义 4："运动'（Motus）是位置的改变。"

参见 A. 鲁泼特·霍尔和玛丽·博厄斯·霍尔的《未发表的科学论文》，第 91 页和第 122 页。

30　约翰·赫维尔，《牛顿〈原理〉的背景》，第 155 页。

第五章

身体与感觉

ISAAC
NEWTON

牛顿在观察外部世界的同时也在观望自己的内心。通过内省，牛顿知道自己的想象力可以看到事物的真实面貌。他记录道："适量的饮酒有助于想象力。但暴饮暴食和过度的研究则会破坏想象力。"他又补充道，过度的研究和过分的热情会"导致疯狂"。[1]

牛顿渴望了解光的本质，但光的本质究竟是外在的，还是藏在观察者的灵魂之中呢？在所有不断涌现的新哲学迷思中，再没有什么能比被感知者和感知者之间的界限更令人困惑的了。笛卡儿认为，由纯思维构成的心智必然与身体有一个交汇的场所，那就是松果体。毕业于三一学院的诗人、当时的英国国会议员安德鲁·马维尔，想象身体和灵魂具有一种相互奴役的关系："灵魂仿如挂在神经、动脉和静脉的锁链上。"[2] 在亚里士多德看来，光学首先是视觉的科学，而不是光的科学。

牛顿在他的《问题》中曾经苦苦思量过：当感觉本身就是理解的因素时，理解这些感觉就会难上加难。

通过事物之间的相互作用来推演其本质，要比通过我们的感觉来推演可靠得多，也自然得多。当我们通过前一种方法找到身体的本质时，就可以通过后一种方法更清楚地发现我们感觉的本质。但是，只要我们依然对灵魂和身体的本质一无所知，就无法分清感觉的行为分别在多大程度上取决于灵魂和身体。[3]

带着这个疑问，喜欢做实验的哲学家牛顿把一根穿线用的粗针插进自己眼球和头骨之间的眼窝。他不停戳压针头，直到看见"几个或白或暗或彩色的圆圈……我越是用针头在眼窝里揉来揉去，这些圆圈就越清晰"。但当他保持针尾和眼睛都不动时，圆圈就会渐渐消失。[4] 所以，光是压力的一种表现吗？

牛顿几乎不顾后果地用一只眼睛盯着反射到镜子里的太阳，能看多久就看多久。他感觉到颜色（或许比事物的其他"性质"都更多地）取决于"想象、幻想和创造"。[5] 他把目光从镜子转向一面深色的墙，然后看到了彩色的圆圈。他的眼中有一种"精神的运动"。这些彩色圆圈渐渐褪去并最终消失。这是真实还是幻象？这样的颜色有可能像他在捣碎的浆果或羊血里看到的颜色那样是"真实的"吗？看过太阳之后，他的感知似乎是明亮的物体是红色的，黯淡的物体是蓝色的。奇怪的是，他发现可以通过练习以纯粹、有意的思维来重现这些现象。"每当身在黑暗中的时候，我就像一个热切渴望看到难以看到之物的人那样，想要去看到那些颜色，于是，我无须再盯着太阳就可以让幻想再次出现。"[6]牛顿不断重复这个实验，直到他开始担心自己的视力会遭到永久性损坏才罢手，于是，他把自己在暗室里关了三天，这样视力才慢慢恢复。

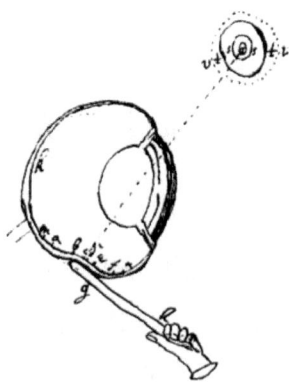

牛顿插进眼窝的长针

"实验""观察""科学"，这些时髦的词令牛顿印象深刻，他是在一本来自伦敦、名为《显微图谱》的书中看到这几个词的，书中写道："长久以来，自然科学不过是大脑和想象的产物。现在正是自然科学该当回归对物质和显而易见之事进行清晰合理的观察的时候。"[7] 这本书的作者罗伯特·胡克是个才华横溢、野心勃勃的人，比牛顿长七岁，他设计制造了显微镜，一如伽利略发明了望远镜。这些工具冲破了比例的壁垒，并打开了窥探超大世界和超小世界的视野。奇观展现在眼前。旧世界（普通比例的世界）在一种连续体（众多秩序中的一种）中不断缩小。像伽利略一样，胡克也精细地绘制了显微世界奇异的新景观，并把自己的显微镜当作富有贵族眼中的奇珍异品加以推广，这些贵族在胡克有时会去工作的伦敦透镜店购入这种仪器，但用它几乎看不到什么东西，只能看到一些模糊的阴影。胡克眼下成了牛顿的灵感之源（尽管牛顿从未承认过），他成了牛顿的动力、克星、折磨者和受害者。

胡克拥有一个独一无二的职位，一个小团体雇用他担任"实验主管"（尽管很少支付薪水），这一小撮人在 1662 年成立了他们所称的伦敦皇家学会。他们的初衷是建立一个新型机构：一个致力于推广，尤其是"交流"所谓的"新哲学"或"实验哲学"的国家学会。[8] 各种惊人的发现保证了这一初衷的实现:彗星和新的恒星、血液循环、望远镜镜片打磨技术、真空存在的可能性(以及与之相关的"自然憎恶真空"概念)、重物的下落和其他各种各样的现象和事物。[9]

"不随他人之言"(Nullius in verba)是伦敦皇家学会的会训。[10] 会员们恳求并获得了国王的支持,但支持不过意味着良好的意愿;会员必须向学会缴纳 1 先令的会费,并为学会寻找合适的会议场所。皇家学会的创始人之一是约翰·威尔金斯,上一代的《新世界的发现》的作者。如果说皇家学会也有崇仰的缪斯,那这位缪斯就是已故的弗朗西斯·培根,培根这样写道:

> 我们必须……彻底解析并分离自然,当然不是用火,而是用头脑,这是一种神性之火……所有反复无常的观点正在灰飞烟灭,剩下的都将是肯定、稳固、真实和明确的。现在这话可以脱口而出,但其间经历的曲折与坎坷不知凡几。[11]

曲折与坎坷成了实验主管、技师和负责人胡克的责任。他用空气泵演示了一个实验。在一次会议上,他切开了一只活狗的胸腔和腹部，观察了狗的心跳，并在呼吸实验中用风箱让狗的肺部鼓胀起来，后来，他"因为这只动物遭受了酷刑"而不愿再重复实验。[12] 在另一次会议上，纽卡斯尔公爵夫人被实验中的颜色、磁铁、显微镜、烤羊肉和鲜血弄得眼花缭乱。[13] 这全都是科学，一种新精神，近乎一种方法：来自实践经验和规范记录数据的证明。胡克缺乏数学知识，却极富创造性。他发明或改进了气压计、温度计和风速计，并痴迷于追踪伦敦的天气情况。[14]

在《微观图谱》中，胡克展现了用被他形容为"人造器官"的仪器可以观察到的"崭新的可见世界"。他声称："在显微镜下，没有小到不能观察的东西。"[15] 就像几何学家观察数学中的点一样，胡克观察了针尖：锋利无比的针尖在显微镜下却是钝的，而且是不规则的。通过类比，他认为在足够远的距离之外观察地球，就会发现它会缩小成一个几乎看不到的小点。他在印刷书籍中发现了更多这样的小点：他仔细观察并绘制出句号，而且再次惊奇地发现，这种标点也是既粗糙又不规则的，"就像伦敦的污泥溅起的巨大斑点"。[16] 他在剃须刀的边缘和细亚麻布的纬纱中也有惊人的发现。他在薄玻璃片上观察到变化的彩虹色。他知道笛卡儿就曾在穿过棱镜或水滴的光中看到过斑斓的彩虹，于是他开始比较自己的显微彩虹和笛卡儿的彩虹。

《微观图谱》不仅仅是胡克对显微镜下的新世界的记录和描绘，他还为读者提供了一种理论：一种对光和颜色完整而系统的解释。亚里士多德曾经认为颜色是黑色和白色的混合物；他的追随者们认为颜色是物质的基本属性，被光线带入人的眼中。笛卡儿则推测，颜色由因棱镜或水的折射而改变速度的光粒子产生。倚重培根的阴影说的胡克对这一观点提出了异议，并进行了实验："判决性实验，具有指导或里程碑的作用。"[17] 的确，胡克观察到棱镜在对光线进行折射时会产生颜色，但他坚持认为折射并非颜色产生的必要条件。他发现颜色是在透明物质中产生的：[18] "我们发现，在空气中传播的光线，无论是不是太阳发出的光，也无论是不是从一扇或多扇窗户照射进房间里的光，都会产生同样的效果。"

胡克认为，光诞生在运动之中："所有'剧烈燃烧'的物体都在运动之中，我想这一点很容易获得认同。"胡克感觉到更多他无法真正看到的东西，他断言，所有发光的物体都在运动，或许是在振动，比如火花、腐烂的木头和鱼。

此外，他还观察到，或者说他认为自己观察到两种基础色：蓝色和红色。这两种颜色是由"一束倾斜且凌乱的光脉冲留在视网膜上的印记"造成的。[19] 在红色和蓝色"相遇并相交"的地方，瑕疵就会产生"各种各样的绿色"。胡克的理论到此止步。"要弄清楚这个地方，并确切地证明这是一种什么运动，需要花费太长时间……我的意思是，我正在研究光运动的特性，半道转头去研究另一个问题会花费太长时间……"[20]

然而，胡克却声称已经把一切都解释清楚了，并声称已经给出（"新近"给出）了原因，他给出的这些原因

能够详细阐述所有的颜色现象，不仅只是在棱镜、水滴或彩虹中出现的颜色，还有世界上其他所有的颜色，无论它们是固体还是流体、厚还是薄、透明还是不透明。[21]

牛顿接受了胡克这个大胆的猜想。[22] 他没有显微镜，也没机会弄到一台。而且，牛顿家里的房间只有一扇窗户。他倒是有一个棱镜。他把书房里的百叶窗放了下来，然后在窗叶上打了个洞，让阳光照射进来，阳光就是白光，当时哲学家们认为那是最纯净的光，是不带任何颜色的光。牛顿做了自己的实验，甚至觉得那是他的判决性实验。他

记录下实验的结果，而且没有告诉任何人。

培根对此也曾提出过警告："上帝不允许我们凭借自己的想象梦想着能琢磨出世界的规律。"[23]

瘟疫渐渐退去，牛顿回到了剑桥，然而，他并没有把自己做的实验告诉任何人，包括他的数学老师艾萨克·巴罗。

注释

1　Add. MS 3996。

2　安德鲁·马维尔，《灵魂与身体的对话》(*A Dialogue Between the Soul and Body*)。

3　《想象、幻想与发明》("Immagination & Phantasie & invention")，《问题》。

4　Add MS 3975。

5　《问题》，第43页。

6　牛顿致洛克的信，1691年6月30日，《通信集三》，信函365。

7　罗伯特·胡克，《显微图谱》(*Micrographia*)，前言。

8　约翰·沃利斯的信，查尔斯·理查德·韦尔德，《皇家学会史》(*History of the Royal Society*)引述，第一卷，第30页；玛尔塔·奥恩斯坦，《十七世纪科学学会的作用》(*Role of Scientific Societies in the Seventeenth Century*)，第93页和第95页；《哲学汇刊》(*Phil. Trans.*，1665年3月期)。那不勒斯和佛罗伦萨已经形成了几个这类区域性的学会；四年后，另一个国家科学学会——法国科学院在巴黎成立。

9　约翰·沃利斯的信，参见查尔斯·理查德·韦尔德的《皇家学会史》，第一卷，第30页；玛尔塔·奥恩斯坦，《十七世纪科学学会的作用》，第95页。

10　贺拉斯，《信札》第一卷，第1页，第14行："我无须发誓效忠任何人……"

11　弗朗西斯·培根，《新工具》，第169页。

12　《胡克先生解剖狗的报告》("An Account of a Dog dissected by Mr. Hook")，参见托马斯·斯普拉特的《伦敦皇家学会史》(*The History of the Royal-Society of London*)，第232页；玛格丽特·埃斯皮纳斯。《胡克传》(*Robert Hooke*)，第52页。

13　塞缪尔·佩皮斯，《日记》(*Diary*)，1667年5月30日。"精细的实验……关于颜色、磁铁、显微镜，还有各种酒……她在场时进行的一个实验确实把一块烤羊肉变成了纯粹的血，这是非常罕见的……在看过了很多的实验之后，她尖叫起来，但心中充满了钦佩，然后离开了……"

14　胡克对自己生活状况的观察同样细致入微。以下是一篇典型的胡氏日记："又睡了一觉，出汗并'射精'。11点起床。喝了肉汤，喝了波尔图葡萄酒。肚子松快了。神清气爽。排了两次便。和奥布里在家中吃晚餐。和哈克碰面。去葛拉威咖啡馆。7点至9点跟汤姆皮恩和乔纳斯·穆尔爵士碰面。肚子松快了。气味变好了。抽了四管烟。热巧克力一杯。波尔图葡萄酒。睡觉。出汗。"

15 罗伯特·胡克，《显微图谱》，前言。

16 同注15，第3页。

17 "因此，这个实验将证明这就是我们尊敬的维鲁拉姆男爵所称的'判决性实验'，具有指导或里程碑的作用，它可以指引我们探究颜色的真相。我们因此获得了这一特别的相反认识，即对于颜色的产生，棱镜的折射和光与影在棱镜和玻璃球中的存在都非必要条件。"同注15，第54页。

18 胡克所说的"'透明物体'完全没有笛卡儿认为他的那些小球产生涡旋所需的那种折射"。同注15。

19 同注15，第64页。

20 同注15，第55页。胡克不介意承认他不知道的事物。"我在这里要做的事不是去确定为什么这个或那个物体对光线的阻碍更大或更小：就像光线的传播在水里更容易，而在空气中却更困难。"

21 同注15，第67页。

22 牛顿的笔记："摘自胡克先生的《显微图谱》。"Add MS 3958(3).1。

23 弗朗西斯·培根，《新工具》，第30页。

第六章

即使不是最重大的发现，
也是最奇特的发现

ISAAC
NEWTON

牛顿在三一学院的境遇得到了改善。1667 年 10 月，三一学院进行了三年来的首次研究员任命：研究员可以领取工资（每年 2 英镑），拥有一个房间，继续保有学术圈的成员资格并使用图书馆。每一位新任研究员都必须宣誓："余誓以至诚恪遵基督之真信仰……若不能将神学作为吾之研究对象，若不能因本职之需在必要时奉神旨意，吾将退出三一学院。"[1] 研究员还必须洁身自好，且不能结婚。牛顿购买了鞋履和做文学学士服的布料。除了研究员薪金，牛顿还从母亲那里得到一小笔钱，还有一份给学生上课获得的（微薄）收入。牛顿买了一套有关炼金术的旧书，还有眼镜、锡炉和化学制品：硝酸、氯化汞、醋、白铅、碳酸钾。[2] 有了这些东西，牛顿开始了一项前所未有的秘密研究。

同时，牛顿也在继续他的数学研究，并和巴罗分享了其中的一些。牛顿开始研究三次方程：三维曲线，比二维数学中的椭圆和双曲线要更为多变和复杂。他把三维曲线当作一个分类的研究主题，试图把所有的三维曲线划分为不同的大类和子类。[3] 就像研究微积分那样，他同时从两个角度来研究这个解析几何的问题：从代数的角度，方程以 $x^3 + ax^2 + bx + c = 0$ 为基本形态；从运动学的角度，他根据作为点和曲线在空间中的运动结果的曲线结构来描述这些曲线。他在笔记本上写下了 58 类不同的三次方程。他在探寻从未有过的普遍性。

巴罗给牛顿看了一本在伦敦出版的新书——数学教师兼皇家学会会员尼古拉斯·墨卡托的《对数术》（*Logarith-motechnia*）。墨卡托在书中提出了一种用无穷级数计算对数的方法，这让牛顿大为震惊：他的发现被别人再次发现了。墨卡托围绕仅有的几个无穷级数就写成了一整本书，而且是一本有用的书。在牛顿看来，墨卡托在书中所讲的内容不过是他在伍尔索普研究无穷数级时碰到的几个特例。受到刺激的牛顿向巴罗透露了自己更多的研究成果。牛顿用拉丁文撰写了一篇论文——《无穷级数分析论》（"On Analysis by Infinite Series"），并让巴罗把论文寄给另一位皇家学会会员——数学家约翰·柯林斯，[4] 但他要求匿名。

直到柯林斯热情洋溢地对这篇论文做出回复之后，牛顿才让巴罗表明了自己的身份。巴罗在给柯林斯的信中写道："很高兴我这位朋友的论文能够得到您如此的赞许。他的名字是艾萨克·牛顿，我们学院的研究员，而且他非常年轻……但在这方面具有非凡的才华和驾驭能力。"[5] 牛顿的大名第一次传到了剑桥以南的地方。

就这样，牛顿和柯林斯通过几天或几月一次的书信来往跳起了遥遥相望的双人舞。牛顿会用富有见解的数学思想片段去挑逗柯林斯的好奇心。柯林斯被引得想要了解更多，牛顿却迟迟不予回复，不肯告诉他。牛顿曾在信中说，三维方程的图解"相当容易，而且一目了然。但我没法说服自己去劳神劳力地给你画一幅"。[6] 柯林斯把牛顿信中的一些奇思妙想传给了其他一些在苏格兰、法国和意大利的数学家。他还给牛顿寄去了一些书，并提出了一些问题，比如怎样计算一笔年金的利率。牛顿回信告诉了柯林斯一个计算的公式，但要求柯林斯在公布这个公式时必须隐去他的名字："因为我并不渴望我能够得到并保有公众的尊敬。这也许能够增加我的名望，但名望不是我所想要的。"[7] 尽管如此，牛顿的名字还是被人议论纷纷。苏格兰数学家詹姆斯·格雷果里听说了牛顿的名字，他当时正苦于无法解决一个在巴罗的讲义中看到的解析几何问题。他在给柯林斯的信中写道："我对自己感到绝望，因此，我真心希望有人能够解决这个难题，我很想看到牛顿先生那个适用于所有曲线的解法。"[8]

在准备发表自己的讲义时，巴罗请牛顿帮忙编辑自己的手稿，特别是《光学讲义》（*Optical Lectures*）。[9]巴罗是在 1669 年开始整理这些讲义的，他把牛顿盛赞为"一个博学多才、睿智伶俐的人，他看了我的笔记，并指出了需要修改的地方"。但是，有些事情牛顿并没有告诉巴罗：整部手稿都需要修改。巴罗认为，颜色与光的压缩、稀疏和激发有关；红色可能被"有阴影的裂隙破坏和干扰"，而蓝色则与"交替排列的白色和黑色微粒"有关。[10]巴罗的门生牛顿已经进行了自己的研究，研究结果让巴罗的这些光学观点变得过时。不过，巴罗的雄心不在于此。他颇受国王的青睐，希望获得晋升，并认为自己更多地是一位神学家而不是数学家。1669 年年底，巴罗辞去卢卡斯数学教授之职，由 27 岁的牛顿继任。[11]

卢卡斯数学教授席位让年轻的牛顿获得了安全感，因为只有犯下通奸、信奉异教和故意杀人等严重罪行才会被解除教职。[12] 牛顿需要在学期中每周讲授（粗略讲授）一堂数学课，并将一份讲义副本存放在大学图书馆里。但他对教学工作一点儿都不重视。他上课的时候，教室里的学生寥寥无几，他有时候甚至会对着空荡荡的教室念讲义，或者干脆放弃，径直回到自己的房间。[13] 这个设立不久的教授席位反映出一个现实：数学对于正在发展的国家是一门有用的学科，它对建筑师、商人和水手都很有帮助。但三次曲线和无穷级数在贸易中或货轮上毫无用处。这些谜题就像牛顿开始独自在房间里用坩埚做的实验一样深奥难懂。

牛顿在数学课上讲起了光和颜色。他在笔记本上记录道：望远镜的发明激起了人们对光之特性的浓厚兴趣，但几何学家"到目前为止都搞错了"。因此，牛顿提议将自己的发现添加到"我尊敬的前任关于这个主题的研究成果"中。[14] 他思考了折射现象，也就是光从一种介质到另一种介质时发生的弯曲，比如从空气到玻璃（透镜为折射和几何形状的产物）。牛顿身穿鲜红色的教授袍，站在几个来上课的学生面前宣布了自己的发现：有颜色的光线，其折射程度各有不同。每一种颜色都有自己的折射度。这是一个纯数学的声明，不带任何通常用来修饰光之哲学的浪漫用词或隐喻手法。

　　牛顿的研究并不仅限于绘图和计算，他还艰难地亲手研磨镜片并抛光透镜，让它们具有非球形的曲线。制造望远镜的工匠已经遗憾地发现，球面透镜会不可避免地让图像变得模糊，因为光线无法聚合在一个点上。而且，工匠们造的透镜越大，他们就会看到越多不想要的有色光环——牛顿如今发现了这一问题的症结所在。问题不在于工艺的不完善，而在于白色光的性质：白色光不是单色光，而是复色光；白色不是纯色，而是杂色；*白色光是一种由不同折射率的光线构成的异质混合物*。[15] 说到底，透镜是通过边缘发挥作用的棱镜。牛顿用反射镜代替折射透镜，制造了一台新的望远镜。[16] 大镜片能比小镜片聚集到更多的光线，这与镜片的面积和直径平方是成正比的。新望远镜的制造难题在于工艺：如何把金属打磨得像玻璃那样光滑？牛顿用熔炉、油灰和沥青铸造出一种锡和铜的合金，并竭尽所能对合金的表面进行精细打磨。1669 年，牛顿用这种合金制造了一台短粗的管状望远镜，长六英寸，可将物体放大四十倍：放大效果不亚于当时伦敦和意大利最好的望远镜，且等同于长其十倍的折射望远镜。[17] 整整两年，牛顿对此秘而不宣。他用这台新型望远镜看到了木星及其卫星，还有好似新月一般的金星。然后，他把望远镜借给了

巴罗。巴罗把这台望远镜带到了伦敦，并把它展示给皇家
学会的同僚。

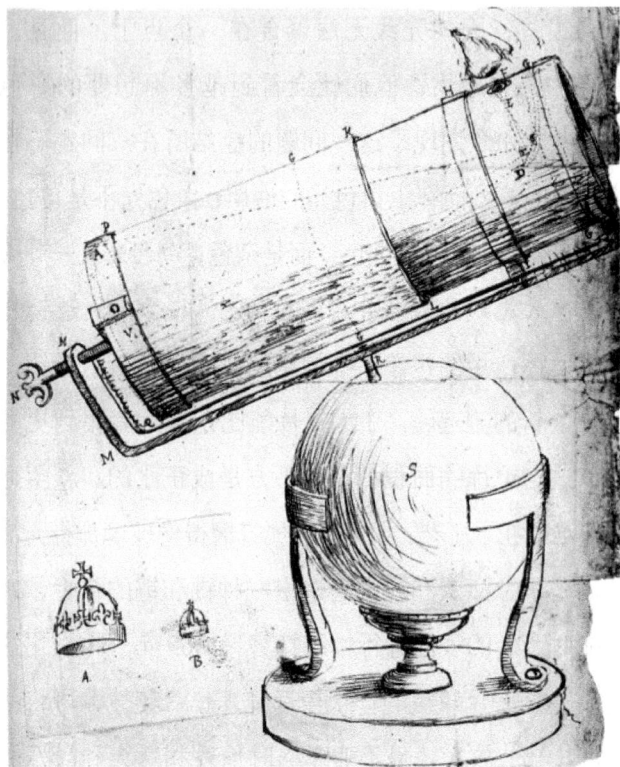

牛顿的反射望远镜

　　皇家学会的创建宗旨是传播信息，在它之前没有任何
类似的机构。学会崇尚交流，谴责保密行为。其创建者们

郑重表明："在蒙昧的年代，一些私人作者的狭隘观念远远无法与如此远大的设想相匹敌。"科学作为一种机构和一种活动并不存在，但他们将科学视为一项公共事业。他们设想了一种全球网络、一个"学习的王国"。那些致力于厘清自然全貌的人

应该对方方面面投以关注，并从世界上每一个角落获取信息，他们应该拥有恒定的普世智慧——知晓所有的发现：过去一切具有价值的发现都应该毫无保留地呈现在他们面前。[18]

但是用什么语言呢？皇家学会的工作还包括翻译，比如欧洲的本地方言，甚至还有遥远的印度和日本的陌生语言。拉丁语被用作语言的标准，但皇家学会的创建者们对任何一种语言的使用都明确表示了担忧。哲学沉迷于自己花哨的雄辩。而皇家学会的创建者追寻的"不是语言的机巧，而是对事物不加修饰的纯粹认知"。直抒胸臆的时候到了，使用最赤裸的表达方式，这在可能的情况下就意味着数学的语言。[19]

文字是闪躲推脱之物，难以认定、易受影响并具有相对性。哲学家光是对用词进行定义就花费了大量的时间，

对他们来说，"思考""存在"和"词语"这样的文字带来的挑战要远远大于"树"和"月亮"。英国哲学家托马斯·霍布斯曾警告说：

> 人类的思想之光是明晰的文字，但首先要有不带任何模棱两可的确切定义；理性是行事之法……相反，对于隐喻和"鬼火"这类无意义、模糊不清的词语，对其进行推理无异于在数不清的谬论中徘徊。[20]

伽利略在 1611 年用望远镜观察到了太阳黑子，却因为含混不清的语义问题无法公布自己的发现：

> 实际上，人们长久以来都被迫把太阳称为"最纯净、最澄明之物"，他们一直认为太阳上面没有任何阴影或杂质；但是现在，太阳向我们自证，它并非纯净无瑕、没有斑点；那我们为什么不能说太阳是"有斑点且不纯净的"呢？事物的名称和属性必须匹配其本质，而非其本质匹配名称，因为先有事物，后有名称。[21]

历来如此（这是语言的本质），但并非总是如此。措辞、语法和拼写都不是一成不变的，它们几乎才刚刚开始形成明晰的轮廓。就连专名都缺乏公认的拼写方式。重量和度量更是一个大杂烩。旅行者和信件可以在没有"地址"（把特定的名字和数字用作地点的坐标）的情况下抵达目的地。在牛顿给皇家学会的秘书去信时，他是这样写收信地址的："致家住威斯敏斯特圣詹姆士草场老帕梅尔路中段的亨利·奥尔登堡先生。"[22]

奥尔登堡信奉并倡导集体认知，他本名海因里希·奥尔登堡，出生在德国的贸易城市不来梅，他自己也无法确认出生的年份，后改名为亨里克斯，最后才改名为亨利。他在英国内战期间以特使的身份来到英格兰跟奥利弗·克伦威尔见面，并开始与克伦威尔的拉丁文秘书约翰·弥尔顿、克伦威尔的妹夫约翰·威尔金斯、青年哲学家罗伯特·玻意耳等饱学之士以及其他不久后成为皇家学会核心成员的人士来往。后来，正如奥尔登堡的一个熟人所言，"这个富有求知欲的德国人通过旅行大长见识，并……与所到之地的人们进行了思想的切磋，被……认为是一个值得称道的人，于是被任命为皇家学会的秘书"。[23]奥尔登堡精通多种语言，对于皇家学会来说是完美的联络人。他通过普通的邮政服务和外交人员的通信网络接收来自遥远都市，尤其是法国巴黎和荷兰阿姆斯特丹的信函。1665 年，他开始以新闻简报的形式印刷并分发这些信函，并称之为《哲学汇刊》。这种新式印刷品———一份科学杂志，一直被奥尔登堡视为个人事业，直到去世。[24] 他找到一个印刷商和一家提供送货服务的文具店，可以帮他把几百份刊物分发到伦敦各处，甚至更远的地方。

《哲学汇刊》上登载了各式各样的新闻。家住普利茅斯附近的塞缪尔·科普莱斯先生报告了他每天对潮汐高度和速度的观察。他声称，从三月到九月，早晨的潮汐比晚上的潮汐高出了一英尺（"注意，是'垂直向'"）。[25] 一位意大利帕多瓦的作者声称发现了反驳地球运动的新证据，而另一位当地的数学家对他提出了异议，并引用了一个瑞典人的实验，这个瑞典人在实验中"从垂直于地平线的炮管"中发射了几枚炮弹，并观察炮弹是朝西坠落还是朝东坠落。胡克先生在木星上观察到一个斑点。一头样貌怪异的牛犊在汉普郡出生。一种新式乐器问世：肠弦大键琴。皇家学会收到过毒蛇和从佛罗伦萨寄来的毒药。学会还研究了石棉织物（据说这种布料可以经受最猛烈的火焰）和永动机模型。[26]

这种收集奇观异闻的活动刚开始不久，英格兰的诗人就开始讽刺皇家学会成员关注的事物和研究的问题。胡克本人就成了一个显眼的攻击目标——他那关于跳蚤和微生物的奇妙世界。自然哲学家常常被描绘成迂腐的学究，而且跟占星家和炼金术士没什么区别。塞缪尔·巴特勒语带惊讶地嘲讽道："骇人的'六四年彗星'去了哪儿？它又意味着什么？"

> 月亮是海洋还是陆地
>
> 抑或木炭或熄灭的火把……
>
> 这是他们博识的猜想
>
> 而他们不变的工作，
>
> 是测量风速和称重空气
>
> 并把圆圈变成方块。[27]

事实上，旅行和贸易对皇家学会的发展起到的促进作用要远远大于猜想和技术。伴随货船上的异国货物一同到来的，还有异国的知识。人们在遥远的百慕大群岛上发现了蜘蛛网，在加勒比群岛上发现了高 300 英尺的朱蕉。[28] 一位富有而充满好奇心的绅士，弗吉尼亚的塞拉斯·泰勒上尉，报称野生唇萼薄荷的气味可以杀死响尾蛇。德国的耶稣会士阿塔纳修斯·基歇尔说他发现了地下世界的秘密，比如，海水不断涌入北极，穿过地球的脏腑，并回流到南极。

远在剑桥的牛顿吸收了所有这些《哲学汇刊》上的信

息，并满腔热情地做了笔记，比如关于一座火山的传言：
"巴达维亚在某天下午被比黄金还厚重的黑色尘埃覆盖，据
说，这些尘埃来自大爪哇一座被认为烧着的山丘。"[29] 还有
关于月亮的传言："牡蛎和螃蟹在新月时长得肥硕，在满月
时长得纤瘦。"到了 1671 年，牛顿收到了直接来自皇家学会
的消息。奥尔登堡给他去了信，信中写道："先生，一个您
并不相识之人因为折服于您的才智而给您写了这封信……"

奥尔登堡在信中表示，他希望刊登一篇关于牛顿反射
望远镜的报道。他敦促牛顿接受公众的认可。这个特殊的
历史时期（发表科学成果的做法才刚刚形成）让人对抄袭的
可能性十分警觉。奥尔登堡担心可能会有在剑桥见过牛顿
的望远镜的"外国人窃取"这一研究成果，"假意旁观之
辈从原作者手中抢走新发明和新设计的事情发生得太过频
繁"。[30] 哲学家们建议牛顿参选皇家学会会员。但是，仍然
存在一些问题。一些经验老到的审核人认为牛顿的管状望
远镜比大型望远镜放大的倍数大，但另一些人则认为这一
点很难确定。[31] 一些对新技术心怀不满的人抱怨说，如此
强大的望远镜让"找到目标"变得困难。与此同时，胡克
私下告诉学会会员，说他早在 1664 年就造出了一台功能更
为强大的微型望远镜，只有一英寸长，但他因为瘟疫和火

灾的影响而没有继续研究。奥尔登堡没有在信中提及胡克所言。

牛顿以传统的客套口吻回复道：

我很惊讶于您对保护我的发明投以的殷切之情，迄今为止，它对我来说并没有太大的价值。因此，当皇家学会欣然认为这项发明值得资助时，我必须承认，它理应为此得到更多，但我并不想将它公之于世。因此，我可能会继续把它当作私人物品，因为我这么做已经好几年了。[32]

然而两周之后，牛顿就把客套抛在了一边。他用夸张的口吻向奥尔登堡表示，他希望参加一次皇家学会的会议。

我在此向他们提供一份以供考虑和审查的关于一个哲学发现的报告，正是这个发现促使我制造了你所说的那台望远镜，我毫不怀疑，讨论这个发现会比讨论那台望远镜要有意义得多，因为根据我的判断，那即使不是迄今为止在自然的运作方面所做出的最重大的发现，也是最奇特的发现。[33]

顺便问一句，作为皇家学会的会员，牛顿的职责究竟是什么呢？

注释

1   理查德·S. 韦斯特福尔,《永不止息》, 第 179 页。

2   1669 年记录在 "菲茨威廉笔记簿"(Fitzwilliam notebook)中的购物清单。

3   《艾萨克·牛顿的数学研究》, 第二卷, 第 99-150 页; W. W. 鲁兹·鲍尔,《关于牛顿三次曲线的分类》("On Newton's Classification of Cubic Curves"), 参见《伦敦数学学会会刊》(Proceedings of the London Mathematical Society), 第 22 期(1890 年 -1891 年), 第 104-143 页。

4   巴罗对柯林斯的告知显露了牛顿的焦躁不安。巴罗在给柯林斯的信中写道: "我祈祷你仔细阅读了你认为不错的论文, 把它们寄还给我吧。这是我在问起他是否可以把论文转交给你时他所表达的意愿。我希望你在方便时尽快告知我是否已经收到论文, 这样我才能感到安心, 因为我担心邮寄它们会是冒险之举。"(1669 年 7 月 31 日,《通信集一》, 信函 6。)牛顿最终在 1711 年 69 岁时同意发表《运用无限多项方程的分析》(De Analysi per Æquationes Infinitas)。

5   巴罗致柯林斯的信, 1669 年 8 月 20 日,《通信集一》, 信函 7。

6   牛顿致柯林斯的信, 1670 年 1 月,《通信集一》, 信函 9。

7   牛顿致柯林斯的信, 1670 年 2 月,《通信集一》, 信函 12。

8   格雷果里致柯林斯的信, 1670 年 9 月 5 日,《通信集一》, 信函 18。

9   《光学与几何讲义: 光学现象真正原因的所在及其阐述: 一般线条与曲线之声明》(Lectiones opticæ & geometricæ: in quibus phænomenon opticorum genuinæ rationes investigantur, ac exponuntur: et generalia curvarum linearum symptomata declarantu)(伦敦, 1674 年)。学者们曾就牛顿对巴罗的沉默展开过讨论。I. 伯纳德·科恩认为, 牛顿在这个关键问题上对巴罗隐瞒自己的研究成果是无法想象的; 他推测巴罗只是没有时间或心思去重新开展光学的研究(《富兰克林与牛顿》, 第 52 页)。但是, 克里斯蒂安森似乎看到 "牛顿的欺瞒和对一个正要推进自己事业之人的努力的偷偷嘲笑是有表面证据可寻的"(《在造物主的面前》, 第 125 页)。

10   《光学与几何讲义: 光学现象真正原因的所在及其阐述: 一般线条与曲线之声明》, 第 108 页, 艾伦·E. 夏皮罗,《艾萨克·牛顿的光学论文》(The Optical Papers Of Isaac Newton)引述, 第一卷, 第 15n 页。

11   巴罗被任命为皇家牧师, 三年后成为三一学院的院长。

12　《艾萨克·牛顿的数学研究》，第三卷，第 xx 页。

13　"去听他的课的人寥寥无几，能听懂他的课的人更是凤毛麟角，因为缺乏听众，他只得常常面对墙壁宣读讲稿……他常能保持镇静半小时左右，如果没有听众，一般也要在课时进行到只剩四分之一或更少时才回去。"亨弗莱·牛顿，康杜特引用，Keynes MS 135;《艾萨克·牛顿的数学研究》，第六卷，第 xii n 页。史料中没有任何关于听过牛顿讲座之人的回忆的记录。

14　艾伦·E. 夏皮罗，《艾萨克·牛顿的光学论文》，第一卷，第 47 页。最早的一版讲义于 1670 年 1 月发表，另一个版本后于 1674 年存入图书馆。

15　"我已经放弃了前面提到的研磨镜片的工作。因为我发现，到目前为止，望远镜的完美程度并不像制造者所说的那样取决于玻璃的品质（这也是所有人的看法），而是取决于光本身，因为光是不同折射率的光线构成的异质混合物。"牛顿致奥尔登堡的信，1672 年 2 月 6 日，《通信集二》，信函 40。

16　最早想到制造反射望远镜的人似乎是詹姆斯·格雷果里，尽管他从未成功制造出过反射望远镜。《通信集一》，信函 159。

17　《通信集一》，信函 3。

18　托马斯·斯普拉特，《伦敦皇家学会史》，第 20 页。

19　1664 年，皇家学会的会员确实成立了一个旨在提高英语水平的委员会。但这个委员会从未做过什么实事。泰伦斯·莱昂斯，《皇家学会》(The Royal Society)，第 55 页。

20　托马斯·霍布斯，《利维坦》，第五章。

21　伽利略致马克·威尔瑟的信，1612 年 5 月 4 日，史提曼·德雷克翻译，参见《伽利略的发现与见解》，第 92 页。

22　举例，《通信集一》，信函 35。

23　塞缪尔·索比尔，《英格兰之旅》(A Voyage to England，1709 年)，玛丽·博厄斯·霍尔，《亨利·奥尔登堡，塑造皇家学会》(Henry Oldenburg. Shaping the Royal Society) 引述，第 52 页。

24　"汇刊"这个词语正适合用来称呼这种新的系列出版物，尽管这个名称与刊登内容并不完全相符。这一语境下的"杂志"和"期刊"等用词在当时还不存在。而"公报""册刊"和"小册"这类词语则含有令人不快的意思。亚德里安·约翰斯，《杂论：进到早期英格兰的作者、社团和报刊》("Miscellaneous methods: authors, societies and journals in early modern England")，第 162 页。
　　《哲学汇刊》可以说是历史上的第一本科学刊物。德里克·杰特森指出，西芒托学院（Accademia del Cimento）于 1657 年开始印刷自己的会报，并持续印刷十年，而在《哲学汇刊》问世前两个月，《学者报》（*Journal des Sçavans*）开始在巴黎出现，其内容涵盖历史、法律和自然哲学。《牛顿手册》，第 431 页。首期《哲学汇刊》卖出了大约三百本，但这本刊物从未给奥尔登堡带来过他所期望的利润。

25　《哲学汇刊》，3: 632；3: 693。

26　约翰·伊夫林，《伊夫林日记》（*The Diary of John Evelyn*），第三卷，第 288-289 页，第 295 页和第 325 页。

27　塞缪尔·巴特勒，《月中大象》（"The Elephant in the Moon"，1759 年）。

28　《哲学汇刊》，1: 10；3: 792；3: 704；3: 43；3: 115。

29　《皇家学会起源史》（"Out of the Hystory of the Royall Society"）摘记，Add MS 3958c。

30　奥尔登堡致牛顿的信，1672 年 1 月 2 日，《通信集一》，信函 29 和信函 3。

31　望远镜，或"透视镜"，并没有给所有的皇家学会会员都留下深刻的印象。后来因其日记成名的约翰·伊夫林对这一事件记录道："致皇家学会。新发明的透视镜在何处制造，一封发自格陵兰岛的信，关于救治那些溺水的人，我们还展示了一些来自冰岛的黑曜岩。"《伊夫林日记》，第三卷，第 601 页。

32　牛顿致奥尔登堡的信，1672 年 1 月 6 日，《通信集一》，信函 33。

33　牛顿致奥尔登堡的信，1672 年 1 月 18 日，《通信集一》，信函 35。

第七章

勉为其难与反击

ISAAC
NEWTON

三一学院的巨庭（Great Court）已经基本完工，附带图书馆、马厩、中央喷泉和被栅栏隔成小块的草坪。一条两旁新栽了椴树的大道朝西南方向延伸而去。[1] 牛顿住在位于巨庭大门和礼拜堂中间的一幢楼的顶层，从他的房间里可以看到西边一块四堵高墙围起来的网球场。牛顿有时会在房间里看同事们打网球，他注意到网球会在空中画出一道曲线，而不是直接落在地上。他凭直觉知道这是怎么一回事：球受到斜向的击打而旋转起来。"球受到击打的那一侧在运动的合力之下，会比另一侧对紧邻的空气产生更为猛烈的挤压和冲击，而空气也会相应地产生更大的阻力和反作用力。"[2] 牛顿是在思考光线是否会以同一方式转向时注意到网球的——如果光线"有可能是在以太中旋转的球体"。但他认为这种可能不成立。

牛顿终究还是没有去伦敦的皇家学会，至少在三年多里没有去，但他很快就给奥尔登堡寄去了之前承诺的那份关于哲学发现的报告。他在 1672 年 2 月写了一封长信，并打算让人在皇家学会的会议上当众朗读。奥尔登堡在两周之内就把这封信的内容排好版并刊登在《哲学汇刊》上，同一期汇刊上还刊载了一篇描述东印度海岸的文章和一篇关于音乐的短文。[3]

牛顿在信中同时介绍了一个实验和一个"理论"。[4] 他在信中写道，六年前，他把一面棱镜对准一束从百叶窗叶片上的一个孔洞照进暗室的阳光。他期待着看到彩虹的所有颜色散落在墙壁上，他确实看到了——鲜艳而强烈，这是一次非常令人愉快的经历，他在报告中这样写道。这种颜色现象并不新鲜。一旦有了玻璃，也就是说，一旦"弄碎"了玻璃，人们就会在两个折射面形成的锐利边缘处看到颜色的出现。[5] 一个精心磨制的三棱镜能够以最完美的方式显现出颜色。没人知道颜色是从哪里来的，但似乎可以确定，棱镜几乎以某种方式"创造"了颜色。

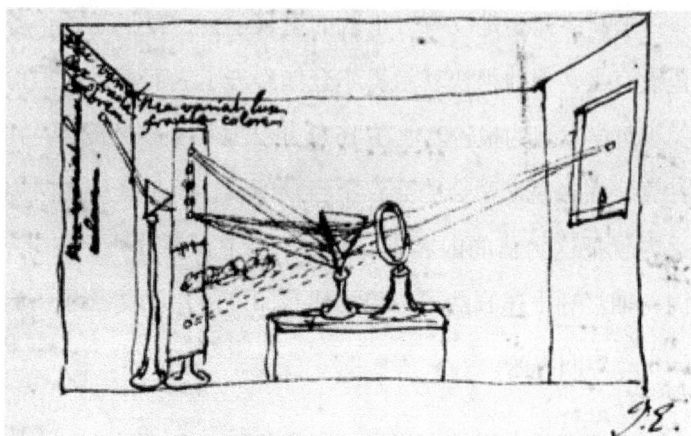

判决性实验

透过百叶窗叶片孔洞照进来的光穿过一面棱镜，棱镜通过色散把这束光分解成不同的颜色；然后，一束有颜色的光穿过第二面棱镜。第二面棱镜不再产生这束单色光更进一步的色散：白光是复色光，有颜色的光是单色光。

　　牛顿注意到一个惊人的现象（或他声称如此）：他本以为折射的光线会在墙上形成一个圆形（所有光线的折射度都一样），但他看到的却是一个长条形。他尝试挪动棱镜，好看看玻璃的厚度是否对此有影响。他尝试改变百叶窗叶片上孔洞的大小。他换了一面棱镜。他测量了孔洞到墙面的距离（22英尺）、长条形彩色光带的长（13¼英寸）和宽（2⅜英寸），还有在数学上存在某种已知联系的入射角和折射角。牛顿发现，太阳不是一个点，而是一个圆盘，延伸广度为 31 弧分。阳光始终处于运动之中，而他每次对阳光的检测都只能持续一小会儿，但是他并没有放过图像拉长这一小小的奇异之处。

这个奇异之处促使牛顿（或如他在报告中写道的那样）进行了"判决性实验"——十字路口的路标，一次指明可行之路的经验。牛顿采用了胡克借用培根的那个引以为豪的说法。[6] 这个实验的关键就在于一束"有颜色的"光的色散，然后让它穿过一面棱镜。为此，牛顿需要两面棱镜和两块有孔的木板。他把棱镜和木板排列在一条直线上，并小心地转动手中的那面棱镜，先后让蓝色光束和红色光束穿过第二面棱镜。他对角度进行了测量：在第一面棱镜中弯曲稍多的蓝色光束随后在第二面棱镜中的折射角度也稍大。不过，最具说服力的是，第二面棱镜没有制造出新的颜色，或改变来自第一面棱镜中的颜色光束。数年前，牛顿在自己最早的猜想中提出了这样的问题："试试看把投射蓝色光束的那一面棱镜和投射红色光束的那一面棱镜叠放在一起是否会产生白色光束。"[7] 结果是不会。蓝色光束依然是蓝色的，红色光束依然是红色的。牛顿得出的结论是，蓝色、红色与白色不同，它们是纯色。

牛顿自豪地宣布："因此，图像拉长的真正原因就是，'光'是由'不同折射度的光线'组成的。"某些颜色的光折射得更厉害，不是因为玻璃的质量，而是因为其自身的性质。颜色不是光的改变，而是一种原始的、固有的性质。

最重要的是：白光是一种异质混合物。[8]

但最令人惊讶和奇妙的是"白"（whiteness）的构成。没有任何一种光线可以单独呈现出白色。白色是复色，须由上述所有原色以适当比例混合而成。我常常心怀感佩地看到，棱镜分解出的所有彩色光汇聚起来，从而再次混合……再次产生出纯净无瑕的白光。

棱镜不会产生颜色，而会分解颜色。棱镜利用这些颜色光线不同的折射率对它们加以区分。

牛顿的信本身就是一个实验，是首次以刊发为目的的科学成果通信。[9]写这封信是为了说服收信方。此类书信没有可供参照的样本，于是他就发明了一种：自传式的叙述，一步一步地解释，操作与一连串推理相结合。牛顿在信中吐露了自己内心的感受：他为颜色显现而感到的欣喜、他的不确定，尤其是他的惊奇和讶异。

　　这份报告运用了一个巧技,对多年来实际执行的发现过程进行了程式化处理,而这种具有偶然性的发现过程有时会低于思想意识和计算的水准。铅笔粗细的阳光穿过棱镜,在墙上形成不规则和不稳定的颜色斑块,斑块的边缘模糊且褪色。牛顿对自己的描述进行了理想化处理,图像之所以具有意义,是因为他知道自己在寻找什么。他在几年前就观察到蓝光比红光弯曲得更厉害;他透过棱镜观察蓝色光束和红色光束,并注意到它们折射的变化。他还知道折射镜会让颜色变得模糊,这就是为什么他发明了折射望远镜。

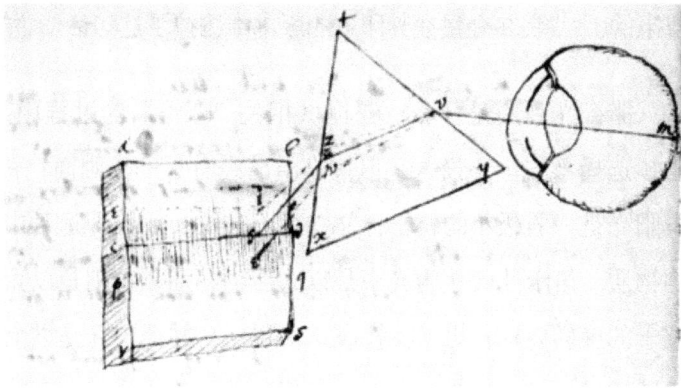

眼睛与棱镜

棱镜对蓝光的折射要比对红光的折射更厉害。

当笛卡儿在观察被阳光穿过的棱镜时，他看到的是一个彩色圆环，而非长条形。圆环正是他所期待的形状，而且这个圆环很小，因为他的棱镜对准的是旁边的一张纸，而不是 22 英尺之外的墙。牛顿想要看到长条形，想要看到图像的展开；他想要放大图像，想要根据自己对折射定律的几何直觉去测量它；他相信精度和自己阐释细微差异的能力。实际上，牛顿相信数学是通往理解之路，他也是这样说的，他甚至期望色彩学能变得像数学一样。这意味着"确定"。他写道："因为我要告诉他们的不是一个假说，而是最严密的结果，这个结果不是靠非此即彼的推测得来的……而是通过直接得出结论且没有不确定之可能的实验得来的。"[10] 奥尔登堡在其印刷的版本中删掉了这句话。

那么光到底是什么？在提供相关"理论"的过程中，牛顿选择不去全心投入，但他脑中已经有了一幅画面：一束阳光是一股极小的粒子，"微粒"（corpuscle），即运动中的物质。笛卡儿曾认为光束是以太压力，而颜色则是以太粒子的旋转效应；胡克不赞成这种说法，并提出光是以太的脉冲或振动，或是一种波，就像声波。牛顿觉得胡克的理论让人恼火。他在《微观图谱》的私人笔记中写道："虽然笛卡儿有可能是错的，但胡克也有可能是错的。"他用一个简单的论点来反驳波动论：光（不像声波）不会转弯。
"那为什么光不会像声音和其他相似物那样偏离直线呢？"[11]
牛顿在笔记中将光描述为以有限速度传播并接触到眼睛的
无数小球。他在信中以抽象的方式对光做出了阐释："想要
更彻底地确定光是什么……以及光是以何种方式或作用在
我们的脑中产生颜色幻象的，并不容易。但我不会把推测
和确定混为一谈。"[12]

无论确定与否，牛顿的结论都代表了对主流说法的猛
烈抨击。[13] 在接下来的四年中，《哲学汇刊》上沸沸扬扬的
论战一直不断：有十篇针对牛顿这封信的评论文章，还有
十一封牛顿的反驳信。[14] 奥尔登堡不停地告知牛顿，皇家
学会对其奇思妙想和坦率态度的赞扬，以及学会对外国人
可能攫取牛顿的发现成果的担忧。[15] 奥尔登堡扮演着数学
发展枢纽人物的角色，他发现自己可以利用外国人的发现
来刺探牛顿的秘密知识。他已经习惯了牛顿吊人胃口的风
格，总是把珍宝放在遥不可及的地方。

实际上，我知道自己该怎样去形成一系列……
我现在无法着手解释它……
因此，我宁愿把它藏起来……

一旦这一个为人所知，那另一个在我这里也无法隐瞒很久了……

我还有一种未曾告人的方法……一个对此问题方便、快速和通用的解决办法，"用来画一条可以通过任意数量给定点的几何曲线……"这些可以用几何方法一次完成，而无须计算……尽管乍看之下似乎难以处理，但事实却并非如此。因为它是我可能希望解决的最美丽的问题之一。[16]

牛顿的绝大部分数学发现处于不为人知的状态。但关于光的发现，他选择公之于众，却对这种做法感到后悔。胡克继续攻击牛顿的理论。作为实验看护人，胡克向皇家学会保证已经进行了数百次这样的实验。他说，他对牛顿美妙而稀奇的观察甚感高兴，但他不得不承认自己认为这些观点不过是假说而已。他说，自己的那些实验（何止，甚至还有那些他所声称的实验）证明光是以太的脉冲，而颜色不过是那束光的干扰。胡克表示，他会很乐意看到"牛顿先生的一次判决性实验"能够改变自己的想法，但这并不是判决性实验。胡克坚持认为，棱镜把颜色添加到光里，就像管风琴的音管和小提琴的琴弦把声音添加到空气里一样。[17]法国的一位耶稣会士，伊尼亚斯·帕尔迪从巴黎来信，他在信中写道，牛顿的"假说"将会颠覆光学的基础；

长条形图像可以用来自太阳表面不同部分的光线加以解释；混合彩色光线只会产生黯淡的模糊图像，而非白色。[18]

这一切激怒了牛顿，尤其是"假说"这个词。他再次表示，自己提出的并非假说，而"是光的某些特性，现在它们被发现了，我认为对此加以证明并不难，而如果我不知道那是真的，我会宁愿把它们当成空洞无益的猜测而弃之不用，也不会承认它们是我的假说"。[19]奥尔登堡建议牛顿回信时不要提及姓名，特别是胡克的姓名，但牛顿有不同的想法。几个月过去了，牛顿心中的积怨越来越重。当他最终决定写一封长信回复时，他在第一句话和每一页都点了胡克的名。他写道："我发现竟然有这么个人对一个'假说'如此关心，这让我略感不安，尤其是，我最为期待的是那个人能够不带私人情感地对我的发现进行检视。"

> 胡克先生认为批评我是件要紧的事情……但他很清楚，一个人不该对他人的研究制定规则，尤其是在不了解他所涉领域的情况下。他在一封私人信函中要求我……[20]

牛顿坚持认为，胡克对"判决性实验"的否认是"毫无理由的全盘否认"。这封信牛顿写了又写，重写了四次，内容越写越多，甚至超过了原始的报告。他思考了气泡和泡沫里的颜色，借显微镜的使用建议不露声色地对胡克进行了抨击，并完善了自己对纯色和复合色白色的区分。牛顿提出，混合颜色、产生白色或（不那么完美和浓烈的）灰色的方法有很多。"同样的效果可以通过绘制一个颜色'陀螺'（就像男孩子玩的那种）来实现，因为在抽打这个陀螺使其转动时，它就会呈现出一种黯淡的颜色。"

最重要的是，牛顿声称光学是一种严谨而确切的数学科学，它取决于物理原理和数学证明，而他自从学会这些原理之后，就不断取得成功。

牛顿一次又一次地暗示胡克并不是在真正做实验。胡克"毁了"他的论点。胡克坚持"否认某些本可以通过实验检查来证明其真实性的事情"。的确，牛顿承认自己是在争论光的实体性，但那是以他的理论为依据的，而非以其他方式。这不是一种基本的假定。在提出光是由微粒构成的时，牛顿谨慎地使用了"也许"一词。"当我以最大的严谨性提出这一理论时，我不知道胡克先生怎会有如此的想法，我应该是太过健忘才会在之后仅仅用'也许'来提出基本的假定。"

此时，胡克成了牛顿最狂热的对手，但并不是最有能力的对手。伟大的荷兰数学家和天文学家克里斯蒂安·惠更斯也赞同光波论。他对折射和反射的理解很深刻，而且在与牛顿的理论相结合时，它也具有了足够延续到量子时代的正确性。但惠更斯也通过给奥尔登堡的信提出了有关牛顿的"假说"的最初问题，结果招来了年轻的牛顿的怒气。他发现了牛顿永远不会承认的错误。例如，惠更斯正确地提出，白色不仅可以通过混合所有的颜色产生，还可以通过混合诸如蓝色和黄色这样的一对颜色产生。[21] 在当选皇家学会会员十五个月后，牛顿宣布希望退出——不仅要退出皇家学会，还要退出所有的信函交流。他在给柯林斯的信中写道："我想我不曾受到刻薄的对待。但我所希望的是在其他一些事情上不曾被粗鲁地对待。因此，我希望您不会对我为了防止将来发生此类意外而拒绝导致过去之事发生的对话而感到奇怪。"

奥尔登堡恳求牛顿重新考虑，暗示牛顿不必再感到非缴会费不可，并向牛顿保证皇家学会对他又敬又爱。[22] 对牛顿的批评如此委婉温和、如此平平无奇，尽管其中或许存在"不当之处"。牛顿还从没见过这些人——奥尔登堡、柯林斯、胡克，或其他人。他又写了一封回信，说道："您说的不当之处，我已经不在意了。但是……我不打算再去操心哲学的问题。因此，如果我拒绝对这类问题进行更多的研究，希望您不会感到不妥。"[23] 奥尔登堡在两年多里没再收到牛顿的来信。[24]

牛顿发现了自然界的伟大真理。他证明了这个真理，并引起了争论。他试图展示科学是如何建立在具体的实践而非宏大的理论之上的。在追逐光影的过程中，他感到牺牲掉了自己的安宁。[25]

注释

1 G. N. 沃森,《牛顿时期的三一学院》("Trinity College in the Time of Newton"),参见 W. J. 格林斯特里特的《牛顿传》(*Isaac Newton*),第 146 页。

2 牛顿致奥尔登堡的信,1672 年 2 月 6 日,《通信集一》,信函 40。这是对马格努斯效应的正确描述,这种效应以海因里希·古斯塔夫·马格努斯的名字命名,他于 1852 年 "发现" 了这一效应,晚于牛顿 180 年。

3 《哲学汇刊》80(1672 年 2 月):3075。

4 牛顿致奥尔登堡的信,1672 年 2 月 6 日,《通信集一》,信函 40。

5 托马斯·库恩列举了曾经看到过 "著名色彩现象" 的人,其中包括塞涅卡(一世纪)、威特罗(13 世纪)、笛卡儿、马尔库斯、玻意耳和格里马尔迪,还有胡克。《牛顿的光学论文》,参见 I. 伯纳德·科恩的《艾萨克·牛顿关于自然哲学的论文与信函》(*Isaac Newton's Papers & Letters on Natural Philosophy*),第 29 页。很多学者都思考过牛顿在何时何地获得了棱镜的问题,以及他在何时何地首次进行了这个实验。包括这封信、"菲茨威廉笔记簿" 和五十年后康杜特的回忆在内的各种证据都相互矛盾。

6 "决定性事例"(instantia crucis)。

7 《问题》,第 69 页。

8 《哲学汇刊》80(1672 年 2 月):3083。

9 为此,这封信是首次在刊物上发表的重大科学成果。

10 牛顿致奥尔登堡的信,1672 年 2 月 6 日,《通信集一》,信函 40,第 96-97 页和第 n19 页。

11 以及 "最微弱的脉冲如何跟上随后更为强劲的脉冲的步伐?" Add MS 3958(3).1,《胡克先生之〈显微图谱〉摘记》("Out of Mr Hooks Micrographia")笔记。

12 《哲学汇刊》80(1672 年 2 月):3085。

13 正如托马斯·库恩所指出的:"要颠覆修正理论,就必须注意到该理论预测的伸长率和实际观察到的伸长率之间的量差,这需要实验者了解控制折射的数学定律(直到 1637 年才公布),并拥有把定律应用于光学问题的丰富经验。在 1666 年,这样的资质是牛顿所独有的。"《牛顿的光学论文》,参见 I. 伯纳德·科恩的《艾萨克·牛顿关于自然哲学的论文与信函》,第 32 页。

14 卡斯柏·海克夫特,《牛顿的光学:变化的科学领域》("Newton's Optics: The Changing Spectrum of Science"),参见约翰·福威勒等人的《要有

牛顿!》，第 84 页。

15　例如《通信集一》，信函 41。

16　牛顿致奥尔登堡的信，1676 年 10 月 24 日，《通信集二》，信函 188。

17　胡克致奥尔登堡的信，1672 年 2 月 15 日，《通信集一》，信函 44。牛顿反驳说，胡克可能还说过"在一块被点燃之前的木头里的光"。牛顿致奥尔登堡的信，《通信集一》，信函 67。

18　帕尔迪致奥尔登堡的信，1672 年 3 月 30 日，《通信集一》，信函 52。

19　牛顿致奥尔登堡的信，1672 年 4 月 13 日，《通信集一》，信函 55。帕尔迪礼貌地回复说，牛顿回答了他的一些异议，而"假说"很难说是在他脑海中出现的第一个字眼。

20　牛顿继续写道："我现在应当审视一下胡克先生对我的理论做出的批评。这些批评包括把一个不是我的假说认定为是我的……以及否认某些其真相本可通过实验加以查验的事情。"牛顿致奥尔登堡的信，《通信集一》，信函 67。

21　《通信集一》，信函 99 和信函 103。

22　牛顿致奥尔登堡的信，1673 年 3 月 8 日，《通信集一》，信函 101；牛顿致柯林斯的信，1673 年 5 月 20 日，《通信集一》，信函 110。牛顿致奥尔登堡的信，1673 年 6 月 4 日，《通信集一》，信函 112。

23　"……而如果您尽可能地避免任何与我有关的异议或其他哲学信函，那就将会是对我的决定的支持。"牛顿给奥尔登堡的信，1673 年 6 月 23 日，《通信集一》，信函 116。

24　牛顿的沉默从 1673 年 6 月持续到 1675 年 11 月，其间只有另一次淡然的回绝："很久以前我就决定不再关注哲学的进步。出于同样的原因，我必然希望不再参加一年一度的哲学演讲……如果我得在伦敦待一段时间，那么我或许可以腾出一两周提供一些自己的东西，但这不值一提。"牛顿致奥尔登堡的信，1674 年 12 月 5 日，《通信集一》，信函 129。

25　原文为 "umbram captando eatinus perdideram quietam meam..." 牛顿致奥尔登堡的信，1676 年 10 月 24 日，《通信集二》，信函 188。

第八章

在旋风的中心

ISAAC
NEWTON

牛顿在观察这个世界时就像拥有额外的感知器官,可以窥探到事物表面之下的框架、骨骼或轮轴。他感觉到了底层结构。他的视野因他内化了的几何和微积分而得到增强。他跨越领域内的巨大差异,把看似迥然不同的物理现象联系了起来。当他在剑桥的球场上看到网球转向时,他还窥见了空气中无法为肉眼所见的涡旋,并把它们与他儿时在伍尔索普满是岩石的溪流中观察到的漩涡联系了起来。一天,当牛顿在基督学院观察一个在玻璃罐中产生了近真空的气泵时,他还看到了无法被看到的东西,即一个不可见的悖象:玻璃罐里面的反射似乎没有发生任何改变。没有人的目光可以如此锐利。尽管牛顿的世界孤独离群,但它并非荒芜一片,他在这个世界里成日成夜地与各种形状、力、思想进行交流,其中一些是真实的,另一些则是想象的。

1675 年，牛顿前往伦敦，并最终现身皇家学会。他见到了那些此前相隔甚远的朋友和对手，这些人通过奥尔登堡的信函互通想法。这些"道成肉身"的名家中就有罗伯特·玻意耳，长牛顿十五岁，他是胡克的导师。玻意耳是个狂热的微粒论者，他在自己饱受争议的巨著《怀疑的化学家》(*The Sceptical Chymist*) 中提出了一种关于基本微粒的理论，认为物质是由它们构成的。他相信，所有的自然现象都可以通过这些原子合成和组成混合物来解释，这些混合物有的完美，有的不完美，但都不如黄金完美。[1] 玻意耳相信炼金术士最伟大的梦想，那就是把贱金属转化成黄金，但他却谴责了炼金术士秘而不宣的传统——"他们以晦涩、模糊、几乎如谜般的方式来表达他们假意教授的东西"。[2]

他们完全不在乎所写的内容能否被理解，哪怕是被他们称作"技艺之子"的读者理解起这些内容也困难重重、如履薄冰。

玻意耳的气泵实验众人皆知，而他对色彩的研究则反过来激励了胡克和牛顿。他对牛顿的到来表示了热烈的欢迎。

在接下来的几个月里，牛顿回到了剑桥，开始撰写新的手稿。他用热情洋溢的话语写下了自己的微粒理论。在这部手稿中，终于出现了牛顿的"假说"——他接受了这个此前自己强烈否认的标签。"一种假说，"他这样命名道，"解释了我在几篇论文中讨论过的光之特性。"[3]但牛顿谈论的不仅仅是光，他着眼的是整个自然界。宿敌胡克步步紧逼。牛顿说："我发现一些大师的头脑中处处萦绕着假说，就好像我的论文需要假说来解释一样。"牛顿指出，当他抽象地谈论光和颜色时，"一些人"并不能完全理解他的意思，但如果附上说明，他们就立刻明白了，而这个说明就是"假说"。

牛顿希望奥尔登堡在皇家学会的集会上宣读这些内容，但不要将其发表。他还希望听众能够理解一种微妙的修辞手法。他并没有宣称一种数学的确定性，即便有，也是为了方便起见，[4]他选择"在谈论它时，就好像我对它做出了假设并宣称它是可信的"。牛顿说道，不要让任何人"觉得我有义务去回复针对这一内容的异议，因为我所希望的是拒绝被卷入如此麻烦且无用的争辩之中"。

这叠寄给奥尔登堡的论文[5]把计算和信仰融为一体，是想象力的产物。其内容试图揭示的是物质的微观结构。在数代人中，只有寥寥几人在论文被宣读时接触到这些内容，然后在 1675 年 12 月至次年 2 月的皇家学会的所有会议上对其进行了热烈的讨论。牛顿对物质的核心进行了更加深入的探究，这是显微镜力所不能及的。通过一系列实验和联想，他似乎感到自然界的基本微粒已经超出了他的视野范围。的确，他曾预言，放大效果达到三四千倍的仪器可能会将原子带进我们的视野。[6]

牛顿看到了各种各样有待解释的现象，而且几何学十足的确定性已经达到了其效用的极限。化学活动千姿百态，比如在相互影响时多少带些"社交性"的植被和流体的演进过程。牛顿没有对任何问题视而不见，因为这些问题太过神秘或难解。他对一个揭露电之本质的实验做出的生动描绘令相隔遥远的皇家学会会员感到迷惑，电是一种某些物体在受到刺激时获得的能量：他用布料摩擦玻璃盘，然后在纸屑上方挥舞玻璃盘。纸屑欢蹦乱跳了起来：

有时跳到玻璃盘上，停留一会儿之后又跳下来，待一会儿后又再次跳上去，或许再这么上下反复一次……有时候与桌面成直角排列，有时又排成斜线……或是飘忽地翻转，就好像在旋风之中。[7]

牛顿着重强调了"无规"运动，而且他感到无法从机械角度以纯粹物质对物质施加压力的说法来解释。他当下想要了解的不是静态世界，也不是井然有序的世界。太多的事情无法一次解释清楚：一个流动中的世界，一个充满变化甚至混乱的世界。牛顿诗兴大发：

> 对自然界来说，它是循环不息的劳作者，令固体中生出流体、流体中生出固体、挥发物中生出不挥发物、不挥发物中生出挥发物、管中窥豹、见微知著，生出一些可升腾之物，并造就上层陆地的液汁、河流和大气；并因而生成另一些可沉降之物……[8]

古人常常猜想以太的存在———一种超越元素的物质，比空气或火焰更纯净。牛顿此时把以太作为一种假说提了出来，将它描述为"构成大体与空气相同的介质，但远为稀薄、精细，而且更有弹性"。正如声音是空气的振动，或许以太也是一种能振动的介质，只是它的振动要更为迅速和微小。牛顿估计，声波的波长约为一英尺或半英尺，而以太振动的间距则不到十万分之一英寸。

这个以太是一种哲学对冲，一种挽救用机械风格对看似非纯机械过程加以解释的方式：磁体附近的铁屑自动排列成曲线，显现出"磁流体"；即使被密封在玻璃瓶中，金属也会发生化学变化；钟摆在没有空气的玻璃瓶中摆动时间要长得多，但最终还是会停摆，这就证明"玻璃瓶中存在某些更精细的东西减弱了钟摆的运动"。[9] 机械论者致力于消除这种神秘的影响——没有接触的神秘作用。比空气更精细但依然具有实体性的以太或许可以传输力量、精气、蒸气、呼气和凝结。或许是以太之风吹起了那些飘动的纸屑。或许是大脑和神经传递了以太精气——灵魂通过神经促动肌肉，从而令其获得灵性。[10] 也许火、烟、腐败和动物运动都源于以太的激发、膨胀和收缩。或许这个以太充当了太阳的燃料；太阳或许吸收了以太精气，"以保持其光芒，并防止行星与它渐行渐远"。[11]（苹果掉落已是陈年旧事，但万有引力依然遥不可及。）

胡克在听奥尔登堡大声念诵牛顿的来信时不断听到自己的名字。"胡克先生，您大概还记得，您当时讲到光线离奇的偏离……在剃刀的边缘……"确实，胡克在 1675 年早些时候提出了自己对这一现象的新发现，这个现象后来被称为衍射：光在锋利边缘的弯曲。波的干涉是解释衍射的一种方法（量子力学问世前的唯一方法）。光线的这种扩散是否最终意味着它可以弯曲，就好像声波看起来会在拐角处转弯？牛顿表示他不确定："我觉得这只是一种新的折射，或许是由在抵达不透明物体之前开始变得稀少的外部以太引起的……"但牛顿记得胡克

高兴地回复说，尽管它应该只是一种新的折射，但它就是"新的"折射。这个意料之外的答复只不过认为一种新的折射可能是一项跟与光有关的任何事物一样卓越的发明，它意指何处，我不知道。

一项卓越的发明，牛顿赞同这个说法。但他记得在胡克的报告之前就曾读到过有关这个实验的内容。牛顿不得不提到法国耶稣会士奥诺雷·法布里曾描述过这个实验，而法布里则是从博洛尼亚数学家弗朗西斯科·马里亚·格里马尔迪那里获悉这个实验的。[12] 它并非胡克的发现。

胡克被激怒了。在随后的几天晚上，他在咖啡馆和朋友碰面，并告诉他们牛顿强占了他的脉冲理论。毕竟，牛顿用了"大小不一的振动"来谈论颜色。大幅振动是红色，或按照牛顿更为谨慎的说法，给人红色的感觉。小幅振动产生紫色。颜色之间唯一的差别是振动幅度的可量化的细微差别。牛顿没有提到"波动"，胡克也没有：波动在当时仍属于一种海洋现象。两人都遭遇了词汇匮乏的阻碍，但

牛顿的所见正是胡克的所求。

这对于胡克来说是难以忍受的。在专门讨论牛顿"假说"的第二次会议结束时，胡克甚至宣称牛顿工作的主要部分在他的《显微图谱》中都有："牛顿先生不过是在某些细节上做了拓展。"[13] 奥尔登堡很快就把胡克的这一说法告知了身在剑桥的牛顿。

牛顿予以了还击。他在回复奥尔登堡的信中写道："就像对胡克先生的含沙射影，我无须对他的任意妄为太过在意。"[14] 牛顿希望避免"对胡克先生做出任何不合理或不愉快之事的倾向"。因此，他对逻辑链和优先权进行了分析。首先，胡克究竟做了什么工作？我们必须"剔除他从笛卡儿或其他人那里借来的东西"：

> 存在一个以太。光是这个以太的活动。以太以不同的程度穿过固体。光最初是匀质的。颜色来自光线的变化——加速形成红色，减速形成蓝色，所有其他的颜色均来自红色和蓝色的某种混合。

胡克所做的一切只不过是把笛卡儿设想的以太里的挤压运动转变成了振动运动。笛卡儿的小球就是胡克的脉冲。

牛顿总结道：

> 所有这些，我跟他没有任何共同之处，只不过我假定以太是一种可振动的介质，我这个假定的用途大有不同：他认为以太会自己发光，而我认为它不会。

至于其余的——折射、反射和颜色的产生，牛顿表示自己所有的解释都与胡克的截然不同，就好像要"颠覆他所说的一切"。牛顿语带讥讽地补充说："我料想他会允许我使用我费尽心力发现的东西。"

胡克戳中了牛顿对光的理解的软肋。光是微粒还是波动？眼下，牛顿在这个问题上举棋不定，而人类也将在这一问题上继续摇摆，一直到 20 世纪，物理学家们才通过接受这一悖论的方式消解了它。牛顿既袒露也隐瞒了自己的不确定。他玩了一场微妙的游戏，改变了"假说"这个词的惯常含义，试图对他所知道的和他被迫假定的加以区别。他假定了以太（神秘甚至具有灵性）的存在，因为他眼下无法摒除这一事物。

奥尔登堡（与胡克并非朋友[15]）选择在皇家学会的下一次会议上出其不意地宣读牛顿的回应。最终，在数年假人之手的唇枪舌剑之后，胡克决定拿起笔亲自和对手交流。[16]
胡克采取了一种谦恭的哲学语气。他说自己怀疑牛顿受到
了误导，他曾有过遭遇此类"险恶做法"的经历。他不想
去争高低、发生不睦或被"卷入此类争斗之中"。他宣称
"我们是两个很难让步的竞争者"。"我料想你之所愿和我之
所愿目的相同，那就是发现真相，而且我认为我们都可以
容忍听取异议。"

　　牛顿在两周后做出了他那著名的回复。[17]如果说这场
决斗的武器是虚与委蛇的礼貌和华而不实的敬意，那么牛
顿同样会去使用它。他说胡克的做法符合了"真正的哲学
精神"。他表示非常乐于接受私下通信的提议。"在许多旁
人面前所要考虑的，少有接近真理的东西；但在私交甚厚
的朋友之间，取而代之的则是切磋而非争吵；因此，我
希望这将在你我之间得到印证。"然后，就他们之间的争
论，牛顿写下了一段字斟句酌、流露出含糊赞赏和崇高情
感的话：

　　笛卡儿所迈出的是出色的一步。您又在几个方向上有
所推进，尤其是把薄盘颜色纳入了哲学的思考范畴。如果
我曾经看得更远，那是因为我站在巨人肩上。[18]

　　牛顿和胡克的私人哲学对话从未发生过。直到将近两年之后，他们才开始再次沟通。那时，奥尔登堡已经去世，胡克接替他担任皇家学会秘书，而牛顿在三一学院的房间里越发闭门不出。

注释

1　玻意耳，《怀疑的化学家》，第 57 页。但是，从现代意义上来说，他不太相信黄金是一种元素。

2　同注 1，第 3 页。

3　"假说"的各种其他版本在《通信集》中体现得最为清楚：牛顿致奥尔登堡的信，1675 年 12 月 7 日，《通信集一》，信函 146。

4　"为避免拐弯抹角"，同注 3。

5　论文中除了"假说"（未在牛顿生前出版），还包括《观察论述笔记》（"Note on the Discourse of Observations"，数十年后几乎分毫未动地被改编成《光学》的第二卷）。

6　高估了大约一千倍。《通信集一》，信函 391 n.；托马斯·伯奇，《皇家学会史》（*History of the Royal Society*），卷三，第 303 页；S. I. 瓦维洛夫，《牛顿与原子理论》（"Newton and the Atomic Theory"），参见《皇家学会：牛顿诞生三百周年纪念》（*The Royal Society : Newton Tercentenary Celebrations*），第 48 页。

7　《通信集一》，信函 146。

8　《通信集一》，信函 366。

9　牛顿的物理直觉在这里未能发挥作用，因为他忽略了真空中钟摆的另一个阻力源（摆绳内的摩擦），但数年后，在《原理》问世前不久，他更加仔细地重复了这一实验，并开始失去对以太的信念。参见理查德·S. 韦斯特福尔，《关于易折射猝发的不安之断想》（"Uneasily Fitful Reflections on Fits of Easy Transmission"），参见罗伯特·帕尔特的《奇迹之年》，第 93 页和第 100 n. 页；以及《空气与以太》（De Ære et Æthere），Add MS 3970。

10　《通信集一》，信函 368。

11　他补充说："而且他们还可以假设，这种精气提供或带来太阳能和光的物质原理；而且存在于我们和恒星之间的广袤以太空间为这种太阳和行星的食物提供了足够的储藏空间。"《通信集一》，信函 366。

12　《关于光、色与潮汐的物理 – 数学探讨》（*Physico-mathesis de lvmine, coloribvs et iride*，1665 年）。

13　托马斯·伯奇，《皇家学会史》，卷二，第 269 页；《通信集一》，信函 407 n.。

14　牛顿致奥尔登堡的信，1675 年 12 月 21 日，《通信集一》，信函 150。

15　胡克和奥尔登堡在另一件事上相争不下，奥尔登堡大力推介惠更斯发明

　　的螺旋游丝调校手表，但根据胡克的说法，这种手表他在之前就发明出来了。现存的胡克日记中几乎没有提到过牛顿，但奥尔登堡的名字却经常出现，比如，"撒谎的狗奥尔登堡""奥尔登堡奸诈的恶棍"。胡克，《日记》，1675 年 11 月 8 日和 1673 年 1 月 28 日；玛格丽特·埃斯皮纳斯，《胡克传》，第 99 页和第 65 页。

16　"致我备受尊敬的朋友，住在三一学院的艾萨克·牛顿先生……"胡克致牛顿的信，1676 年 1 月 20 日，《通信集一》，信函 152。

17　牛顿致胡克的信，1676 年 2 月 5 日，《通信集一》，信函 154。

18　一些评论家欣喜地注意到，从字面意思上来说，胡克并非巨人，他的身材矮小扭曲。胡克的同代人约翰·奥布里在《名人小传》(*Brief Lives*)中将他形容为"不过中等身材，身形有些扭曲，脸色苍白，脸小而靠下，头却很大"。这似乎很难跟牛顿的措辞联系起来。显然，"巨人的肩膀"已经是一个流传了几个世纪的习惯表达了；罗伯特·莫顿对这一表达进行了最具权威性的追根溯源。

第九章

万物皆可腐坏

ISAAC
NEWTON

154 牛 顿 传

尽管如此，牛顿对哲学问题的热情却有增无减。他建造了一根特殊的烟囱，用来排走烟雾。[1]

到了三十多岁时，牛顿的头发已经灰白，常常乱蓬蓬地垂在肩膀上。那时的牛顿身材瘦长、鼻子醒目、眼睛弯圆。他每次在房间里一待就是几天，把吃饭的事置之脑后，在烛光下工作。他在餐厅吃饭时也是独自一人。三一学院的同事们早就学会了不去打扰他用餐，还会绕过他用棍子在石子步道上画的图解。[2] 他们眼中的牛顿寡言少语、格格不入，拖着鞋跟磨平的鞋子，袜带松开。牛顿惧怕疾病（瘟疫和水痘），服用自己用松脂、玫瑰露、橄榄油、蜂蜡和干白葡萄酒制成的药剂来预防疾病。但实际上，经常接触汞的做法正慢慢地毒害着他。[3]

直到几个世纪以后人们才知道，牛顿不仅是一个行事秘密的炼金术士，而且就其知识和实验的广度而言，他堪称欧洲无可匹敌的炼金术士。多年以后，理性上渐渐成熟的牛顿将物质研究的探索之路一分为二。一条路是化学：一门用逻辑和严谨性来分析物质元素的科学。另一条路是炼金术：既是一门科学，也是一门技艺，涵盖人类和宇宙的关系；援用嬗变、发酵和繁殖。炼金术士生活在一个充满繁茂、勃勃之力的王国中。而在由中规中矩、制度化科学构成的牛顿的世界里，炼金术变得声名狼藉。

但牛顿属于前牛顿的世界，当时的炼金术正处于全盛时期。一种腐坏的意味的确与这类研究相连，炼金术士被人疑为谎称知道如何炼制黄金的江湖骗子。而化学和炼金术之间的现代区分尚未出现。当巫术专家、牧师约翰·高尔将炼金术抨击成"一种有名望、令人垂涎和骗人的巫术"时，他把这种散发恶臭的做法称为"化学"。[4]众所周知，炼金术士钟爱隐秘，并用密码和字谜让自己的著作变得晦涩难懂，牛顿也不例外，而且更甚。炼金术士崇奉神秘的权威和某些神圣的经文，他们喜欢采用拉丁语风格的笔名，并传阅秘密手稿，但基督教神学家们也是如此。牛顿是彻头彻尾的机械论者和数学家，但他无法相信一个没有灵的自然界。对于世界上大量的元素和构造（以及它们从一种物质到另一种物质的转换）而言，一种纯粹的机械理论太过遥不可及。

　　牛顿结识了一些神秘人士，并抄写了他们（一位 W. S. 和一位 F. 先生）的论文。[5]他构思了一个笔名——"Jeova sanctus unus"（意为"神选之子"），是把他名字的拉丁文写法"Isaacus Neuutonus"交换字母顺序后造出来的。在房间外面的花园里，牛顿搭建了一个实验室，那是一间和礼拜堂一墙之隔的棚屋。他在实验室里点燃的火日夜燃烧。[6]对于炼金术士而言，自然借由过程获得生命。物质是主动而不是被动的，是活性而不是非活性的。很多过程在火里发生：熔化、蒸馏、升华和煅烧。牛顿通过锡、砖和燧石炉对这些过程进行研究和实践。在升华过程中，蒸气从焦土灰烬中升起，冷却后再次凝结。在煅烧过程中，火令固体转化为粉尘；炼金术的先驱们曾建议"不要厌倦煅烧""煅烧是一物之宝"。[7]当深红色泽的土——朱砂经过火的烧炼，就会出现一种令人渴望的物质："银白水"或"混沌水"，即水银。[8]它既是液体，又是金属，呈光亮的白色，会快速形成小球。一些人认为，装有水银的轮毂可以自行运转个不停。[9]炼金术士认为水银对应水星（就像铁对应火星，铜对应金星，金对应太阳），在神秘的炼金术著作中，他们采用了水星的古老符号☿。或是用"蛇"来暗指水银。[10]

　　牛顿在一次会议上写道："这两条蛇发酵得很好……""在发酵结束时，我加入了16格令[11]☿，这种物质就随着猛烈的发酵大大膨胀起来……"[12]像其他炼金术士一样，牛顿认为汞不仅是一种元素，还是每种金属固有的状态或原理。他曾谈到过黄金的"汞"。他渴望得到一种特殊的、贵重的、"哲学意义上的"汞："这种☿……从物体中提取出来，具有很多常见的冷多余物，而且还具有一种特殊的形态和提取出它的金属的性质。[13]汞的部分神秘吸引力在于它和其他金属发生反应的趋向。它与铜、铅、银，甚至金发生反应，可以形成柔软的汞合金。熟练的操作者可以用汞来净化金属。时间久了，汞在体内累积，导致神经损伤：震颤、失眠，有时甚至会导致妄想症。"

　　罗伯特·玻意耳也在用汞做实验。1676年春天，牛顿在《哲学汇刊》上读到一篇名为《论水银与金的白热状态，由B. R. 慷慨分享》的报告。[14]他认出了颠倒过来的作者名首字母缩写，并猜测这项研究趋近炼金术士大量炼制黄金的梦想。他私下写道："我相信很多人都会渴望染指制备这种☿的知识。"一种危险的知识可能就近在咫尺："一个企及某种更为高贵之物的入口，但它的传播必会给这个世界造成巨大的伤害。"[15] 牛顿相信（并且知道玻意耳也相信），物质的基本构成无论在何处都是相同的；大自然在这个通用之物上的各种运作产生出数不胜数的形状和形态。那么，为什么金属嬗变会是不可能的呢？变化的故事无处不在。

与同时代做实验的炼金术士或化学家不同，牛顿用秤精确地称量化学物质。[16] 总是痴迷于测量最佳精度的牛顿记录下几近四分之一格令的重量。他还测量了时间，其精确度达到八分之一小时。但测量从未取代感觉：牛顿会在烟雾缭绕的实验中去触摸、嗅闻和品尝显露出来的黏液和液体。

牛顿探究生与死的过程：植物，还有一种特殊的现象——腐败，它产生"黑色腐烂肥腻物"，并将物质化成气体。他用细小潦草的笔迹匆匆写道："没有什么东西可以不经过腐败就改变原貌。"首先是自然腐败，然后是新事物的产生。"万物皆可腐坏。万物皆可产生。"因此，世界不断死亡并重生。这些散发物、矿物精气和水蒸气产生出一种上升的空气，并在云层上漂浮："飘得如此之高，仿佛失去了引力。"[17]

这与自然界万物处于不断循环的过程极为相符。因此，这个地球就像一个巨大的动物或一株无生命的植物，为日常的精力恢复和至关重要的发酵吸收以太的气息……这是精妙的灵，搜索所有进入其最微小毛孔的粗大物质之最隐秘的暗处，并以比任何其他物质都更为精细的方式将它们划分开来。

驱动这种生与死的循环的、促动这个循环的世界的，必定是某种活跃的精神——大自然的普遍作用物，它的秘密之火。牛顿只能把这种精神看作光，而光，转而言之就是上帝。他列举了原因：万物皆可在火中发光，光和热相互依存，没有任何物质能够像光那般巧妙地渗遍万物。他在自己生命的深处感受到了这一点。

牛顿写道："没有任何热可以像太阳的热那样令人愉悦和振奋。"

牛顿的炼金术研究体现出一种将自然视为生命而非机器的观点。炼金术的语言中充满了性别之论。繁衍来自种子和交媾，原理是雄性（水星）和雌性（金星）。又比如：

这两个汞是男性的精子和女性的卵子……稳定又可变，

是缠绕在墨丘利节杖上的蛇，是弗拉梅尔的龙。只有男性的精子或只有女性的卵子，是产生不出任何物质的……这两者必须结合才行。[18]

火和灵魂来自种子，来自种子的美德。如果炼金术是牛顿对性欲最接近世俗的探索，那么它也是一种走过神学之路的探索。对于炼金术士来说，金属嬗变意味着精神的净化。是上帝把生命赋予物质，并让它们具有了各种构造和过程。神学作为炼金术的一部分，成为牛顿中年时期的主要研究对象。

新一代机械论哲学家们致力于创造一种超脱隐秘特质的科学，他们相信没有巫术的物质——无生命的死物，就像牛顿所说的那样。皇家学会的大师们希望与江湖术士划清界限，以理性而非奇迹构建所有的解释。但巫术依然存在。作为占星家的天文学家数量依然翻倍，开普勒和伽利略都曾从事过占星活动。[19]探索自然界秘密的巫师成为科学家的模板。尼采在此两个世纪后问道："你是否相信，如果没有巫师、炼金术士、占星家和魔法师等人作为先驱——这些人的预言和警誓使大家极力图谋制止这股力量的兴起，那么科学会崛起并壮大吗？"

笛卡儿曾竭尽全力去提炼自己的体系，用像磁力这样隐性（但真实）的力代替机械（但虚构）的涡旋。牛顿当时正在反叛笛卡儿的观点，这种反叛在微小量的领域中尤为激烈。哲学家们距离原子比距离星辰还要远。原子当时依然是一种人类无法看到的想象之物。支配天体的力量也是人类所看不到的，但人类已经可以从对累积数据的数学处理中推断出这些力。对于任何化学或炼金术的实验者来说，一个问题浮现出来：是什么让粒子在最初凝聚起来的？[20]是什么导致惰性原子粘在一起，从而形成矿物质和晶体，甚至（更为奇妙地）形成植物和动物？牛顿认为，笛卡儿的哲学具有轻率的特定性。它为每个新现象都提供了一种不同的机械论解释：一种为空气，一种为水，一种为醋，另一种为海盐，"还有其他的事物：您的哲学无非是一种假说体系"。[21]牛顿想要的是一个普遍原因。

就像对光的本质的问题一样，牛顿选择了一种狭义的研究之道：绕开他的程序是否在根本上属于机械论这个问题，而将其全部归结为微粒和力。关于光，牛顿曾说过："其他人可能会认为它有许多难以想象的大小不一、小且快的微粒，它们从相距遥远的发光物体中生发出来，一个接一个，但没有任何可以识别的时间间隔，并且它们不断地被一种运动原理驱策向前。"[22]他还说道：

上帝赋予动物的自身运动超出我们的理解能力，他无疑能够将其他运动原理注入我们知之甚少的物体中。一些人会不假思索地认定这可能是一种灵性原因，但一种机械原因可能会显现出来……

牛顿并没有背弃他无法解释的东西，而是更加深入地投身进去。干粉末拒绝粘在一起，苍蝇在水上行走，热量通过真空进行辐射，汞中充满金属粒子，仅靠思维就能引起肌肉的收缩和鼓起。就撞球或涡旋而言，自然界存在一些他无法用机械论去理解的力。这是一些生命之力、植物之力和性力——精神和吸引的无形之力。后来，牛顿比其他任何一位哲学家都更有效地去除了科学对求助于这类神秘特质的需求。目前，他需要这些特质。

在没有点燃炉子、搅拌坩埚的时候，牛顿会仔细审阅自己日益丰富的炼金术文献库。到了 17 世纪末，他编制了一套私人化学索引，那是一部上百页的手稿，其中包括五千多个对数百年来炼金术著作的单独旁注。这套索引和牛顿自己的炼金术著述在他去世后的很长一段时间里都不为人知。

注释

1　一根"烤炉带嘴烟囱"。Yehuda MS 34，理查德·S. 韦斯特福尔，《永不止息》引述，第 253 n 页。

2　威廉·斯塔克利，《艾萨克·牛顿爵士生平回忆录》，第 60-61 页；亨弗莱·牛顿回忆，Keynes MS 135；约翰·威金斯，Keynes MS 137。

3　1979 年，人们在对四绺存留下来的牛顿头发进行分析时发现了含量达到致毒水平的汞。L. W. 约翰逊和 M. L. 沃尔巴特，《汞中毒：艾萨克·牛顿身体与精神疾病的可能原因》("Mercury Poisoning: A Probable Cause of Isaac Newton's Physical and Mental Ills")；P. E. 斯帕戈和 C. A. 庞茨，《牛顿的智力错乱：新证据老问题》("Newton's 'derangement of the intellect'. New light on an old problem")。但严重程度依然存疑，汞中毒对牛顿精神困扰的影响也是如此。另请参阅罗伯特·威廉·迪奇伯恩的《牛顿 1692 年至 1693 年的疾病》("Newton's Illness of 1692–1693")。

4　约翰·高尔，《精神占卜》(Pys-mantia)，第 360 页。

5　Keynes MS 33。F. 先生或许是伊奇基尔·福克斯克罗夫特〔B. J. T. 道布斯，《牛顿炼金术的基础》(The Foundations of Newton's Alchemy)，第 112 页〕；无论如何，神秘和牛顿论文中不明身份人士的频繁出现持续困扰着他的传记作者。"当然这只是一种猜测，"韦斯特福尔照常评述道，"但牛顿拥有炼金术手稿并非猜测，他肯定是从某人那里得来的，因为我相信，这些手稿不是凭空出现的。"理查德·S. 韦斯特福尔，《永不止息》，第 290 页。

6　在 17 世纪 80 年代，牛顿曾有一个文书，名叫亨弗莱·牛顿（二人没有血缘关系），后者回忆说："尤其是在春天和秋天，他那时在实验室里工作了大约六个星期，火几乎日夜不熄，他守了一个晚上，我守了另一个晚上，直到他完成了他的化学实验……他的意图是什么，我没能深究，但他的痛苦……让我觉得他的所图超出了人类技艺和工业能够达到的范畴。"I. 伯纳德·科恩和理查德·S. 韦斯特福尔，《牛顿：文章、背景与评论》，第 300 页。

7　《贾比尔著作之理查德·罗素英译本》(The Works of Geber Englished by Richard Russell，在伦敦重印：登特出版社，1928 年)，第 98 页。

8　朱砂是红色的硫化汞，也被画家称为朱红。炼金术士知道朱砂是水银（quicksilver）和硫黄（brimstone）的"升华"。同时，对水银与汞（mercury）的鉴别还不完善；炼金术士还谈到"哲学汞"，一种更为常见的物质，它也可能是从其他金属中提取出来的。

9　林恩·汤森德·怀特，《中世纪技术与社会变革》（*Medieval Technology and Social Change*），第 131 页。

10　这个符号是一对蛇（一雄一雌），缠绕在一根棍杖上。

11　英国历史上的质量单位，1 格令 ≈ 64.8 毫克。——译者注

12　Add MS 3973，理查德·S. 韦斯特福尔，《永不止息》引述，第 537 页。

13　Keynes MS 55，B. J. T. 道布斯，《牛顿炼金术的基础》引述，第 145 页。

14　《哲学汇刊》，10:515–533。

15　"据我简单的判断，自他认为适合公开露面以来，到目前为止，这位高尚的作者确实在其他方面审慎地有所保留。"牛顿致奥尔登堡的信，1676 年 4 月 26 日，《通信集一》，信函 157。牛顿对自己的异常多话语带遗憾地总结道："我此前如此放任自己信口开河，但我恳求您不要公开这封信。"

16　彼得·斯帕戈，《牛顿的化学实验：从现代化学的角度进行的分析》（"Newton's chemical experiments : an analysis in the light of modern chemistry"），参见保罗·塞曼和阿黛尔·希弗尔的《作用与反作用》（*Action and Reaction*），第 132 页："据我所知，包括玻意耳在内的当代化学家无人达到过这种化学定量的程度，确实也没有人这样去做，直到后来才有人这样做。"

17　《关于植物中自然的显著规律和过程》（"On Natures Obvious Laws and Processes in Vegetation"），参见 I. 伯纳德·科恩和理查德·S. 韦斯特福尔的《牛顿：文章、背景与评论》，第 301 页、305 页和 303 页。

18　Keynes MS 56，理查德·S. 韦斯特福尔，《永不止息》引述，第 299 页。

19　I. 伯纳德·科恩，《科学中的革命》，第 59 页。

20　《论引力与流体的平衡》（"De Gravitatione et æquipondio fluidorum"），参见 A. 鲁泼特·霍尔和玛丽·博厄斯·霍尔编著的《未发表的科学论文》，第 151 页。"我认为，硬物的各个部分不仅相互接触，而且保持相对静止，但它们彼此之间坚实牢固地凝聚在一起，并紧紧捆绑在一起，就像用胶水粘住一样……"

21　"而在哲学中，有什么是可以确定的呢？哲学存在于众多的假说之中，有多少需要解释的现象，就有多少假说。"Add MS 3970.3，凯斯·哈奇森，《科学革命中的神秘特质发生了什么？》（"What Happened to Occult Qualities in the Scientific Revolution?"）引述。

22　牛顿致奥尔登堡的信，1675 年 12 月 7 日，《通信集一》，信函 146。

第十章

异端、亵渎与盲目崇拜

ISAAC
NEWTON

牛顿，无父之人，以"三一"为名的学院的成员，怀着与对待炼金术一样不眠不休的热情转而投入对基督教神学的研究中。他翻开一本新的笔记本，在对开纸的页头上写下拉丁文标题："基督的一生""基督的奇迹""受难""下降"和"复活"。有些标题的下面始终是一片空白，有些则写满热烈的、学术的和语气困惑的笔记。他最感兴趣的主题是上帝与基督——圣父与圣子的关系，尤其是"论三位一体"（De Trinitate）。[1] 在此处，牛顿转向了异教观点。他放弃了自己宗教信仰的核心教义：神本位中的三位格，神圣而完整。他否认耶稣和圣灵的神性。

英格兰的大学首先是基督教的工具，在剑桥职业生涯中每迈出一步，牛顿都宣誓忠于自己的信仰。但在剑桥任职的第七年，即 1675 年，他需要向前更进一步：他将接受圣品并被任命为圣公会牧师，否则将面临驱逐。随着任命的临近，牛顿意识到无法再坚信自己的正统信仰。他将无法立下虚假的誓言。他准备辞职。[2]

牛顿信仰上帝，但不是出于职责，而是出于他对自然理解的根底。他相信上帝是永恒而无限的；永生且强大的上帝掌管万物；上帝在物体中无处不在，并填满"没有物体的空间"。[3]他相信上帝是持恒的——这种信仰和他对绝对空间尚未完全确定的认识融合在一起。[4]牛顿心中的上帝建立了宇宙运行的规则，这是一个人类必须努力去理解的创造物。但是这个上帝并没有在运动中设定发条并弃之不顾。

他无处不在，不仅由其"能力"，而且也由其"实质"……一切事物被他"包容"且在其中运动，但没有相互作用……他是"长存的"和"遍在的"……他全都是眼，全都是耳，全都是脑，全都是臂，全都是感觉的、理解的和作用的力。[5]

如果说上帝是永恒不变的，那么宗教就不是。[6]深入的研究催生了牛顿的信仰和异教观点。他一次又一次地研究并述写教会的历史。他逐字逐句地阅读《圣经》，对预言特别着迷，他认为预言是需要拆解和阐述的复杂象征符号。他把这看作一种责任。他列出了一个包含十五条解读规则和七十个预言图形的目录。他寻找事实、日期和数字，反复计算基督再临的时间，他把这个时间理解为原始的尚未堕落的基督教的恢复。他详细研究了对耶路撒冷圣殿的描述，那是一个"所有比例都最为简洁和最为协调的"结构，[7]并试图借助希伯来文《以西结书》中庞杂的算法来重新构建圣殿的平面图——

> 于是他测量了它的长度，二十腕尺[8]；测量了它的宽度，二十腕尺。在圣殿前，他对我说，这是最神圣的地方。他测量了圣殿外墙的厚度，六腕尺；之后又测量了环绕在侧的每间侧房的宽度，四腕尺。侧房三层相叠，层层排列共三十间……

一个充满诗意的复杂难题，又一个需要破译的谜语。他努力想要计算出古制腕尺的长度，这其中似乎藏着一个对他来说具有某种意义的信息。

> 如果他们为自己所做的一切感到羞耻，那就把圣殿的样子展示给他们看……还有关于它的所有样式、关于它的所有法令、关于它的所有样式和关于它的所有法律：并当

着他们写下来。

英文版《圣经》的存在（长期遭到教会的反对，并最终在牛顿出生前的几十年才得到认可）激励了清教徒的追求。《圣经》的白话版推动了世人去研读经文并做出自己的阐释。学者们把新的哲学工具应用到对《圣经》的解读中。任何人都可以把研读《圣经》当作一种自我指导的活动，很多人试图把纯粹的福音书和其中世纪的增写本区分开来。古老的争议重又出现。牛顿当时正在专心研究拜神的历史。他比较了新的英文版《圣经》和古代语言的《圣经》，收集了拉丁文、希腊文、希伯来文和法文版的《圣经》。他找到并熟读了教会先驱们（圣人和殉道士、亚大纳西和阿里乌、《六经合璧》的作者奥利金、该撒利亚的优西比乌、康斯坦西亚的伊皮法纽，以及其他数十人）的著作。他深深陷入这场曾于四世纪在尼西亚和君士坦丁堡撕裂了基督教世界的巨大争议中。

三位一体是个神秘的问题。它违背了理性的解释，建立在一种既无法被理解也无法被证明的悖论中：圣子充满了人性与神性的光辉。作为一个人，基督无法立刻明白自身的神性。尽管如此，他是与圣父"同质的"。一个上帝，三个位格：圣父、圣子与圣灵。

　　在四世纪初，亚历山大的苦行僧阿里乌领导了一场反对教条的叛乱。他告诉人们，上帝本身就充满神性，是永恒不变的；圣子是被创造出来的，是附属的，需要经历成长和变化。因为这个异教邪说，阿里乌被逐出教会并被判有罪。他的著作被烧毁，但幸存的书稿足以让一千年后沉迷其中的牛顿相信三位一体论是基督教的一个骗局。这个骗局在僧侣和教宗的手中变得完美。"三位一体"这个词从未出现在《新约》中。为了在经卷中找到明确的根据，正统教徒注意到了《约翰一书》："在天上作见证的原来有三，就是圣父、圣言和圣灵，这三者本为一。"只有《钦定本圣经》中有最后一句。[9]带着批判眼光的阅读使牛顿相信，原始版本的经文被刻意地贬低，以支持错误的教义——一种可恶的虚假宗教。[10]

　　在神学上，就像在炼金术上那样，牛顿感觉自己在探求过去在几个世纪的黑暗历史中被扭曲的古代真理。知识要么丢失，要么隐匿在秘密代码之下，让庶民无法读懂，要么遭到渎神者、牧师和国王的扭曲。他相信数学——上帝的语言——也有同样的遭遇。在所有这些领域中，他试图找回曾经为人所知但此刻已丢失的语言和法则。他肩负一项使命。他相信自己正在做上帝所做的事情。他在一篇手稿中写道:"就像世界通过光的诞生,在黑暗的混沌中被创造出来一样……我们的工作是展现出黑暗混沌的开初及其第一物质。"[11] 在神学领域一如在炼金术领域,他对秘密有多珍视,伦敦的新派哲学家们就对秘密有多抗拒。这里没有公众的科学,而是有与匿名心腹的会面、手稿的交换和隐秘的兄弟会。

阿里乌派正在经历一场秘密的复苏,但对圣三位一体的怀疑依然等同于危险的异端。牛顿把自己的理由写了下来,这无异于犯下大罪,一旦被曝光,他可能会失去职位,甚至自由。[12]

1675 年,在最后关头,牛顿保住了他在剑桥摇摇欲坠的职位。国王签发了一道赦令,永久免除了牛顿在担任卢卡斯数学教授期间必须担任神职的义务。[13] 但这并没有终结他对神学的痴迷。他在数十年里通过成千上万的词汇完善了自己的异教思想。他对自己的论点进行了整理并编了号。

1. 上帝(这个词)在《圣经》中没有一次被用来同时表示三人中的一个以上。

2. 上帝这个词在没有绝对限定于特指圣子或圣灵的情况下，从《圣经》的开头到结尾，都指圣父……

……

6. 圣子承认圣父比他更伟大，称圣父为他的上帝……

……

11. 对于所有的事情，圣子的意志都服从圣父的意志。如果他和圣父平等的话，就会是不合理的。[14]

牛顿的神学推理与他的物理学和几何学之间没有鸿沟。逻辑证明，上帝附属特性中的任何神性都源自并依赖于上帝。他画了一个图表：

简单说来，假设 a、b 和 c 是 3 个物体，其中 a 最初有自身重力，并把重力施加在 b 和 c 上，而 b 和 c 最初没有自身重力，但向下传递 a 施加的重力。因此，a 中有力，b 中有力，c 中也有力，但力只有一个，而不是三个，这一个力就是最初存在于 a 中并传导或下传给 b 和 c 的力。[15]

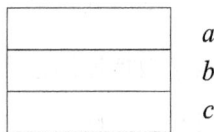

牛顿甚至不愿用 AD 来标记年份，而更喜欢用 AC——基督纪年而非上帝纪年。耶稣更多的是人而不是上帝。他

是上帝的儿子，是上帝与人类的中保，被选为先知和使者，并被上帝的右手高举。如果能够破译那些语言和信息，我们就会认识一个有序的上帝，而非混沌；我们也就会认识一个律法的上帝，而非淆乱。牛顿同时探究了自然和历史，为的是找出上帝的计划。他很少去教堂。

他的神学研究中充满了怒火，理性倒排在其次。在他的阅读笔记、"文章""要点"和"观察"、《真宗教的短期方案》和对预言与启示的分析中，他愤怒地反对亵渎者。牛顿称他们是苟合者，因为他将这种特殊的亵渎和欲望联系在一起。他写道："诱惑者变得越来越坏，欺骗与被骗。比如他们在对自己的老师动了欲望后，却无法忍受合理的教义；耳朵蠢蠢欲动，却不让他们的耳朵听到真理。"[16] 修道士们正是因为不洁的思想而滑向堕落。

牛顿感到三位一体论不仅是一种错误，而且是一种罪恶，这种罪恶就是偶像崇拜。对于牛顿来说，这是最令人厌恶的罪行。它意味着侍奉假神——"也就是死人或类似生物的魂或灵"。[17] 国王们尤其倾向于此，这位痴迷的学者郑重地说道："国王们倾向于去享受他们已逝先人的荣耀。"就他本人而言，也不得不去接受一份先人的遗赠。

除了瘟疫时逗留的时间外,牛顿很少返回在林肯郡的家乡,但在 1679 年春天,他的母亲因高烧而病倒。牛顿离开剑桥,日夜守候在母亲身边,直到她病逝。她的继承人和遗嘱执行人是长子牛顿,而不是他同母异父的弟弟或妹妹。他把母亲安葬在科尔斯特沃斯的墓地,就在他父亲的墓穴旁边。

注释

1 理查德·S.韦斯特福尔的《永不止息》，第 311-312 页。"神学笔记本"标记为 Keynes MS 2，其中一篇在牛顿去世后被（托马斯·佩利特）标记为"不适合印刷"，然后被储存起来，无人读过，直到凯恩斯在 1936 年将其购入。

2 牛顿告诉了奥尔登堡，并在 1675 年 1 月的信中提醒他说："时间迫近，我要退出学会了……"《通信集七》，信函 X.132。

3 摘自大卫·格雷戈里的备忘录，参见 I.伯纳德·科恩和理查德·S.韦斯特福尔的《牛顿：文章、背景与评论》，第 329 页。

4 "圣父是恒定的，没有什么地方能够变得更加空于或满于他，因此这是自然的永恒需求：所有其他存在都可以从一地移动到另一地。"《真宗教的短期方案》（"A Short Schem of the True Religion"），Keynes MS 7，参见 I.伯纳德·科恩和理查德·S.韦斯特福尔的《牛顿：文章、背景与评论》，第 348 页。

5 《原理》，第 941 页。

6 "宗教部分是基本的和不变的，部分是偶然的和可变的。"《真宗教的短期方案》，Keynes MS 7，参见 I.伯纳德·科恩和理查德·S.韦斯特福尔的《牛顿：文章、背景与评论》，第 344 页。

7 理查德·S.韦斯特福尔，《永不止息》引述，第 348 页。

8 古代长度单位，指自肘到指尖的距离，1 腕尺≈45 厘米。——译者注

9 学者们一致认为，古希腊语经文中没有包含"这三者本为一"的句子，反而是现代英文译本中有"这三样也都归于一"的说法。

10 "经卷的两个明显讹误"，《通信集三》，信函 83，等等。

11 B. J. T.道布斯，《牛顿炼金术的基础》引述，第 164 页。以及简·戈林斯基的《炼金术士的秘密生活》，参见约翰·福威勒等人的《要有牛顿！》。

12 在牛顿生命的尽头，只有少数几个人知道这件事，其中包括牛顿在剑桥卢卡斯数学教授的继任者威廉·惠斯顿。惠斯顿被剥夺了教授职位并因持有异教观点而受到审判，因为他公开了自己的阿里乌派主张。他在牛顿的支持下获得了教授职位；接着，牛顿拒绝他加入皇家学会，因为（惠斯顿认为）"他们不敢选择一个异端论者"。关于牛顿，惠斯顿是这样说的："他是我所见过的最警惕、谨慎和多疑的人。"《回忆录》，第 250 f 页。

韦斯特福尔指出（《永不止息》，第 318 页），艾萨克·巴罗做得更甚，写了一篇《捍卫神圣的三位一体》（"Defense of the Blessed Trinity"），而其三一学院院长之职的继任者则发誓要"痛击无神论者，然后是阿里乌主义者……"。

到牛顿去世时，有关牛顿是阿里乌主义者的流言已经传开，但他的朋友和他的传记作者完全否认了这些流言。比如斯塔克利（《回忆录》，第 71 页）："有些心怀异端和概念不清的人，特别是那些信奉阿里乌派原则的人，费尽心机想要把艾萨克爵士拉入他们的阵营，但这种不公道的做法与反基督教无异。"

13　牛顿似乎亲自起草了这道赦令。没人知道他是如何获得国王认可的，或许巴罗替他说了情。

14　Yahuda MS 14，理查德·S. 韦斯特福尔，《永不止息》引述，第 315 页。

15　同注 14，第 317 页。

16　理查德·S. 韦斯特福尔，《牛顿神学手稿》（"Newton's Theological Manuscripts"），参见泽夫·巴赫勒的《当代牛顿研究》，第 132 页。

17　《真宗教的短期方案》，Keynes MS 7，参见 I. 伯纳德·科恩和理查德·S. 韦斯特福尔的《牛顿：文章、背景与评论》，第 345 页。

第十一章

最初的原理

ISAAC
NEWTON

1680 年，彗星出现。在英格兰的 11 月份，彗星连续几个星期闪着微弱的光划过清晨的天空，直到它接近太阳，然后在拂晓暗淡下去。只有很少一部分人看到了彗星。

12 月的夜晚出现了更加壮观的景象。牛顿在 12 月 12 日用肉眼看到了彗星：这颗彗星拖着一条比月亮还宽的大尾巴，伸展开来足以覆盖国王学院礼拜堂的长度。在 1681 年的头几个月里，牛顿几乎每晚都在追踪彗星的动向。[1] 一位游历到法国的年轻天文学家、皇家学会的新成员——埃德蒙·哈雷惊异于彗星的光华。[2] 胡克在伦敦也曾几次观察到彗星。在大西洋彼岸，有一小部分殖民者在一片新发现的大陆上苦苦求生，英克利斯·马瑟发表了一篇讲道文章——《天堂对世界的警告》（ "Heaven's Alarm to the World")，以此来向清教徒警示上帝的不满。[3]

哈雷曾担任新上任的皇家天文学家的助手。这位新官员就是约翰·弗拉姆斯蒂德。弗拉姆斯蒂德是个牧师，也是自学成才的天象观察家，1675 年奉王命负责在泰晤士河畔格林尼治的一座山丘上创建并装备天文台。这位天文学家的主要任务是完善海军领航员的星象图。弗拉姆斯蒂德孜孜不倦地工作，每晚用他的望远镜和六分仪记录星星的位置，每年的观察记录超过千次。但他还是没有看到 11 月的彗星。眼下，来自英国和欧洲的信函引起了他对彗星的注意。[4]

无论彗星是什么——预兆或怪象，它们的奇特之处都被认为是理所应当的：每个发光的天外来客到访时都以笔直的路径划过天空，随即消失不见，再也不见踪迹。开普勒曾对此做出过权威的解释，可对于一种集体记忆短暂的文化来说，人们又能相信什么呢？

但是在这一年，欧洲的天文学家先后记录了两次彗星的出现：一颗暗淡的彗星几次出现在 1680 年 11 月；另一颗硕大无朋的彗星出现在一个月后，并每晚占据天空，直到次年 3 月。弗拉姆斯蒂德认为彗星的行为可能和行星一样。[5]他沉醉在天空的几何学中，绘制像地球围绕太阳运行这样

的天体变化，他预测自己在 11 月错过的彗星可能还会回
来。他时刻观察天空，寻找这颗彗星的踪迹。他的直觉得
到了回报：他在 12 月 10 日观察到一条彗尾，两天后在水
星附近又观察到同时出现的彗尾和彗头。他把观察笔记寄
给了剑桥的一个朋友——詹姆斯·克朗普顿，希望克朗普
顿能够把这些笔记转交给牛顿。两星期后，他又写了一封
信，推测说："如果我们假设它是一种处于消耗过程中的物
质，它大大衰减，而且消耗的燃料滋养了其光芒，但是我
有很多不赞同这个假说的理由，但是您或许可以对此加以
考虑，我非常期望能够了解您的看法。"[6] 牛顿读了这封信，
但保持了沉默。

　　一个月后，弗拉姆斯蒂德再次尝试给牛顿写信。"彗星
的最外层似乎是由液体构成的……从未有人对它做出过明
确的描述，它也从未显现过清晰的轮廓，不过像是一束干
草。"[7] 弗拉姆斯蒂德比以往任何时候都更加坚定地认为，
这两颗彗星其实是同一颗。毕竟，他曾预测过彗星的再次
出现。他努力解释记录下的彗星的特殊运动。他说，假设
太阳把行星及伴随而来的其他物体吸引到自己的"涡旋"
中——或许是通过某种形式的磁力。然后，彗星将沿直线
朝太阳靠近，而且这条路径可能会因为以太涡旋的压力而

弯成曲线。[8] 但如何解释彗星的返回呢？弗拉姆斯蒂德提出了存在一种相应排斥力的假设，他把太阳比作一块有两极的磁铁，一极吸引，一极排斥。

最终，牛顿回复了弗拉姆斯蒂德。他对太阳具有磁性的观点提出了反对意见，这出于一个简单的理由："因为☉是一个极为炽热的物体，而磁性物体在炽热状态下会失去磁性。"他没有信服这两颗彗星就是同一颗的说法，这基于他对这两颗彗星运行状况进行的异常仔细的观察和测算，以及其他所有能够收集到的信息——每天 6 度，每天 36 分钟，每天 3.5 度——这些信息似乎呈现出突然加速和减速的交替出现。[9] "这是非常不规律的。"即便如此，牛顿还是把弗拉姆斯蒂德的提议画成了图示：彗星靠近太阳，在快要达到时转向，然后再转向。他认为这种情况不太可能发生。相反，他提出彗星可能一直在围绕太阳运行，然后返回。[10] 他把这种可能性也画成了图示。他认同了弗拉姆斯蒂德直觉的一个关键之处："我很可能会赞同☉里存在一种吸引力，它能够使行星保持围绕太阳运行，而不会沿切线方向渐行渐远。"

在这之前，牛顿从未如此明白地讨论过这个话题。在

1666 年微积分萌芽的过程中，他就曾通过无穷小量的变化积累仰赖过曲线的切线——曲线所偏离的直线。基于运动的定律，他将所有物体沿直线继续运动的趋势作为仰赖。但他仍然坚持认为行星轨道是两个力之间的平衡问题：一个力向内拉，另一个"离心的"力向外拽。他现在谈到的只是一种力，将一颗行星拽离本该是一条直线的轨道。

不久前，牛顿的老对手胡克就已经在一封给牛顿的信中提出了这个想法。新任皇家学会秘书并掌管《哲学汇刊》的胡克恳请牛顿把与皇家学会的关系延续下去。胡克委婉地提到两人之前的误会："我想，意见上的分歧，如果真有的话，不应当变成相互的敌对。"[11] 他还特别向牛顿请求了一件事：牛顿是否愿意告知对他在五年前发表的想法，即行星的天体运动是由切向的直线运动和"向中心物体的吸引运动"复合而成的假说（一条直线加上持续的偏转运动等于一条轨道），有什么反对意见。

料理完母亲的后事，刚刚回到剑桥的牛顿一刻也没有耽搁，给胡克写了回信。他再三强调自己已经跟哲学事物完全脱节：

万分抱歉，我目前还没有想好怎么答复您的期望。因为这半年来，我一直都在林肯郡忙于琐事……至今还没有时间去享受哲学思考……而在此之前，我已经用了若干年力图把自己从哲学转向其他领域的研究……这使我几乎完全不了解伦敦或国外的哲学家们最近在研究什么……我对哲学的漠不关心有如一个商人对其同行生意的态度，或是一个乡下人对待学问的态度。[12]

胡克在论文中提供了一种"宇宙体系"。[13]尽管胡克的系统缺乏数学基础，但它与牛顿在 1666 年关于引力和轨道的许多未公开的想法不谋而合。胡克认为，所有的天体都具有"一种朝向其中心的引力或吸引力量"。通过这种力量，它们不仅吸引自身的物质，而且也吸引那些"位于其作用范围内的"其他天体。所有物体都沿直线前进，直到被"其他的有效力量"所改变，或许被迫进入一种正圆或椭圆的运动。而这种吸引能力取决于距离。

牛顿自称对胡克的想法一无所知："也许当我告诉您下面的话时，您会更加信任我，在收到您的信之前，我压根没有听说过您的假说（我记得如此）。"[14]但他向胡克表达了一点儿善意：一份利用高处下落的球来演示地球每日自转的实验概要。"一般人"认为，地球在球的下方自西向东运动，因此下落的球将被地球超过，从而落在较起点稍偏西的地方。牛顿的看法则相反，他认为球应当落在东边。在其初始高度上，这个球将以比地表物体稍大的速度自西向东旋转；因此，它会"超过"垂线并"落向其东边"。为了验证这一点，牛顿建议把一颗手枪子弹系在丝线上，放在一个非常平静的日子里的户外，或在一座高高的教堂里，窗户要关好，以防风吹。

牛顿画了一幅图来说明这一点。在这幅图中，他假想的球沿一条螺旋线向地球中心下落。[15] 胡克认为这是错误的，并予以了反驳。虽然胡克在数日前曾允诺对私人通信的内容守口如瓶，但此时他却在皇家学会大声宣读了牛顿信件的内容，并公开提出反对意见。[16] 他表示，一个朝地球下落的物体就像一颗沿轨道运行的行星。它不会沿螺旋线下落——"根本不类似于一条螺旋线"——而是，根据"我的圆周运动理论"，继续在某种轨道上下降和上升，或许是一个椭圆或"椭圆形的线"（elleptueid）。[17]

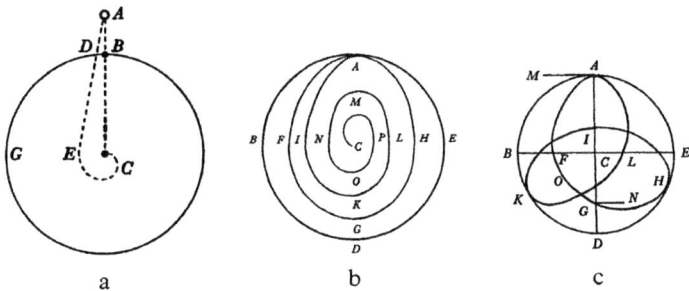

牛顿与胡克的争论图解

物体如何朝地球中心下落：1679 年牛顿与胡克的论战。

a. 牛顿：一个从高处 *A* 落下的物体应保持其自身的运动并落向垂线的东边，"这与一般人的想法完全相反"〔但它会（错误地）沿螺旋线的路径下落到中心〕。

b. 胡克："但就其下落曲线而言，您似乎认为它将是一条螺旋线……而根据我的圆周运动理论，情况将很不同，它将根本不类似于一条螺旋线，而是一种椭圆形的线。"

c. 牛顿：假设地球是空心的，而且没有任何阻力，真正的轨道甚至会更加复杂——"一种交替的升降"。

　　胡克再次成功地激怒了牛顿。[18] 牛顿又回复了一次，然后就陷入了沉默。但在短暂的交流中，两人以前所未有的方式在这一罕见的、非物理的、定义含混的思维实验领域中进行了交锋。胡克同意这是"一种无用的推测"。毕竟，地球是实心的，而非空心的。两人交换了论战演示图。

　　他们相互催逼去定义有关一个深奥问题的术语。胡克画了一个椭圆。[19] 牛顿回复了一幅图，这幅图基于一个假设，即吸引力保持恒定，但也考虑到重力（非特定程度）在地心附近更大的情况。牛顿还让胡克知道他在运用强大的数学方法作为支撑："无数且无穷的微小运动（此处我是根据不可分量的方法来考虑运动的）……"两人都在从一种天体吸引力的角度考虑这个问题，这种力让行星绑缚于太阳、让卫星绑缚于行星。他们都在写关于重力的文章，就好像对它坚信不疑。眼下，两人都认为它是一种将重物拉拽落向地球的力。但如何去解释这种力的能力呢？首先，胡克说它取决于物体和地球中心的距离。他一直徒劳地尝试用铜丝和砝码在圣保罗教堂的尖塔上和威斯敏斯特教堂测量这个距离。与此同时，无畏的哈雷，这位热衷于海上旅行的旅行家，把一个钟摆带到了赤道以南圣海伦娜岛一座 2500 英尺高的山丘上，并判定钟摆在那里摆动得更慢。

胡克和牛顿都摒弃了笛卡儿的涡旋理论。他们在解释行星运动时没有借助以太压力（或者就此而言的阻力）。他们都相信天体具有一种内在的力——天体保持静止或运动的趋势，这是一种他们无法命名的概念。他们在拐弯抹角地讨论一对问题，一个问题是另一个问题的镜像：

在平方反比定律引力场中，一个物体围绕另一物体沿
轨道运行时会画出怎样的曲线？（椭圆形。）

当一个物体围绕另一物体沿完美的椭圆轨道运行时，
可以推导出怎样的引力定律？（平方反比定律。）

最终，胡克对牛顿说了这番话："我的推测是，吸引力
总是跟与中心的距离成反向双倍比。"也就是说，吸引力与
距离的平方成反比。[20]胡克没有得到回复，他再次尝试：

> 现在需要知道一条正确的曲线……是由一中心引力确
> 定的……此力与距离的平方成反比。我不怀疑，用您卓越
> 的方法，您将容易地找出它必然是一种什么样的曲线，以
> 及它的正确性，并提出这一比例的物理原因。[21]

胡克终于正确地陈述了这个问题。他承认了牛顿的高
超能力。他进一步提出了一个程序：找到数学曲线，提出
物理原因。但他从未得到过回复。

四年后，埃德蒙·哈雷来到剑桥游学。哈雷曾在咖啡
馆里跟胡克和建筑师克里斯托弗·雷恩讨论行星运行，随
后开始吹嘘。哈雷本人（就像牛顿在1666年所做的那样）
曾得出平方反比定律与开普勒周期定律之间的联系——行

星和太阳的距离的立方随其轨道周期平方的变化而变化。雷恩声称自己早于胡克数年就对平方反比定律进行了推测，但未能彻底解决数学上的问题。胡克则坚称，他可以展示如何将所有的天体运动建立在平方反比定律的基础之上，而他对其中的细节一直守口如瓶，直到更多的人进行了尝试并以失败告终；只有这样，这些人才会欣赏他的工作。[22] 哈雷怀疑胡克知道的并不像他自己声称的那样多。

1684 年 8 月，哈雷直截了当地向牛顿提出了这个问题：假设受太阳的吸引遵循平方反比定律，那么行星会产生什么形状的曲线？牛顿告诉他：椭圆形曲线。牛顿说他早就计算过了。他不愿给哈雷提供证明——他说他无法找到那些计算证明，但他答应重新计算，并寄给哈雷。

几个月过去了。牛顿从定义着手。他眼下只用拉丁语撰写，因为拉丁语词汇受到日常使用沾染的程度要低一些。"物质的量"（quantitas materiæ）究竟意味着什么？牛顿尝试给出解释："那就是由物体的密度与体积共同产生的量度。"两倍的密度和两倍的体积将意味着四倍的物质的量。就像称量，但"称量"不会这样。他可以看到循环推理的陷阱。称量取决于重力，而重力是无法被预先推定的。因此，"物质的量"是"这个我冠以物体或质量之名的量"。[23]
然后是"运动的量"：速度和质量的乘积。还有"力"——
内力，或外力，或向心力——一个牛顿创造的概念，意思
是指向中心的作用。向心力可以是绝对力、加速力或动力。
为了进一步推理，牛顿需要一个在任何语言中都不存在的
词库。

牛顿不能或不会给哈雷一个简单的答案。首先，他寄
去了一篇9页的论文——《论物体在轨道上的运动》（"On
the Motion of Bodies in Orbit"）。[24] 这篇论文坚定地将与距
离的平方成反比的向心力和椭圆的特定几何学，还有开普
勒对轨道运动的所有观察联系了起来。哈雷马不停蹄地赶
回剑桥。他手上这篇论文的一份副本已经成为在伦敦备受
追捧的对象。弗拉姆斯蒂德抱怨说："我相信，只有在我们
共同的朋友胡克先生和城中的其他人都大饱眼福之后，我
才能看到（它）。"[25] 哈雷恳求牛顿发表这篇论文，并请求他
再增加一些篇幅，但牛顿还没写完想要说的话。

在撰写、计算和撰写更多内容的过程中，牛顿看到了
一个犹如锁一般的宇宙，而锁簧正一个接一个落到自己的
位置。他再次开始思考彗星的问题：如果它们遵循与行星

一样的定律，那么它们必定是一类特例，具有大大延长的
轨道。他给弗拉姆斯蒂德写信，索要更多的数据。[26] 他首
先询问了两颗特殊的恒星，但弗拉姆斯蒂德立即就猜出他
想问的是彗星。牛顿说道："现在我正在研究这个主题，在
发表论文之前，我乐意探知一下此事的深浅。"他还需要木
星卫星的数目。他甚至还有更奇怪的要求：他想要潮汐记
录表。如果想要让天体定律得以成立，那么所有的现象都
必须遵循这些定律。

趋向椭圆轨道焦点的力

万有引力的诞生：牛顿通过几何学证明，如果物体 Q 沿椭圆轨道运动，则
朝向焦点 S（而非中心 C）的所涉之力与距离的平方成反比。

炼金的熔炉冷却了，神学手稿也被束之高阁。牛顿被一种自瘟疫以来从未有过的热情所支配。他大多数时候在自己的房间里进食，站着胡乱吃几口。他站在办公桌前写东西。在出门溜达的时候，他看上去就像迷了路，漫无目的地走动，无缘无故地转身和停住，然后又再次坠入思绪之中。[27]上千卷手稿在剑桥和伍尔索普随处堆放着，羊皮纸上的墨迹渐渐褪去，四十年来的摘记和涂涂写写杂乱无章，没有标注日期。他从来没有像现在这样去书写：他带着一个伟大的目标，而且想要自己的文字被人阅读。

尽管牛顿眼下已经不再研究炼金术，但他已经从中有所收获。他转向了无形之力。他知道自己不得不承认行星会在遥远的距离之外相互影响。他正在撰写哲学的原理。不止于此：那是"自然"哲学的"数学"原理。他写道："哲学的整体困难，似乎是要从运动现象中发现自然的力，并从这些力中证明其他的现象。"[28]行星、彗星、月球和海洋。他许诺要建立一种机械程序（没有隐秘的特质）。他许诺要对此加以证明。但他的力中依然存在神秘之处。

第一定律。"时间、空间、地点和运动"——他希望彻底清除这些词语中的日常认知。他赋予了这些词语新的含义，或是如他所想，维护了这些词语真实和神圣的含义。[29]
这位不善社交、从不发表论文的教授没有任何权威可以仰
赖，所以这有点儿虚张声势，但他兑现了自己的诺言。他
建立了与我们的感觉无关的时间，他建立了与物质无关的
空间。自那以后，"时间"和"空间"成了特殊的词语，只
为大师——科学家所理解和拥有。

　　绝对的、真实的和数学的时间，由其本身和本性所决
定，与任何外部事物无关，均匀流逝……
　　就本性而言，绝对空间与任何外部事物无关，始终保
持同质和不动的状态……[30]

　　我们的眼睛只能观察到相对运动：水手随着他的船前
进，或是船在地球上前进。但就相对空间而言，地球也在
运动，而相对空间本身是不动的，因为它是纯数学的，是
从我们的感官中抽离出来的。关于时间和空间，牛顿为宇
宙构建了一个框架，为新时代建立了一种信条。

注释

1 Add MS 404。

2 但这不是"哈雷彗星"。哈雷彗星是在 1682 年出现的。直到 1696 年（受到牛顿《原理》的启发，并从当时怀有敌意的弗拉姆斯蒂德那里获得了数据），哈雷才计算出这颗彗星的运行轨迹是椭圆形而非抛物线形，并预测它会每 76 年返回一次。

3 安德鲁·P. 威廉姆斯，《变化的迹象：英克利斯·马瑟与 1680 年和 1682 年彗星》（"Shifting Signs: Increase Mather and the Comets of 1680 and 1682"），《早期现代文学研究》，1:3（1995 年 12 月）。

4 弗拉姆斯蒂德托克朗普顿转交给牛顿的信，1680 年 12 月 15 日，《通信集二》，信函 242。

5 西蒙·谢弗，《牛顿的彗星与占星术的转变》（"Newton's Comets and the Transformation of Astrology"），第 224 页。的确，胡克曾一直暗示彗星可能会以数十年为周期绕太阳运行，而且彗星的运行轨迹可能会因太阳的吸引力而弯成曲线。塞缪尔·佩皮斯，《日记》，1665 年 3 月 1 日；胡克，《彗星》（Cometa），1678 年。

6 弗拉姆斯蒂德致克朗普顿的信，1681 年 1 月 3 日，《通信集二》，信函 245。

7 弗拉姆斯蒂德致克朗普顿的信，1681 年 2 月 12 日，《通信集二》，信函 249。

8 弗拉姆斯蒂德致哈雷的信，1681 年 2 月 17 日，《通信集二》，信函 250。

9 牛顿托克朗普顿转交给弗拉姆斯蒂德的信，1681 年 2 月 28 日，《通信集二》，信函 251。现在清楚了，牛顿可用的数据中满是错误和不一致，其中一些甚至是历法差异的混淆所导致的。

10 "在我看来，解决这一难题的唯一方法，就是假设彗星不是在☉和地球之间运行，而是绕着☉运行。"同注 9。

11 胡克致牛顿的信，1679 年 11 月 24 日，《通信集二》，信函 235。

12 牛顿致胡克的信，1679 年 11 月 28 日，《通信集二》，信函 236。

13 《通过观测来证明地球运动的尝试》（An Attempt to Prove the Motion of the Earth by Observations，伦敦，约翰·马廷，1674 年）。胡克暗示，但没有从数学上说明引力与距离成反比："天体具有朝向其中心的吸引力，离吸引中心越近，这些吸引力就越大。"

14 牛顿致胡克的信，1679 年 11 月 28 日，《通信集二》，信函 236。胡克认为牛顿撒了谎，他在信中写道："他在此处装作不知道我的那些假说。"胡克是对的。牛顿在 1686 年向哈雷承认了这一点。参见亚历山大·柯瓦雷，《一封未发表的胡克致牛顿的信》（"An Unpublished Letter of Robert Hooke to Isaac Newton"），参见《牛顿研究》，第 238 n. 页，以及理查德·S. 韦斯特福尔，《永不止息》，第 383 n. 页。

15　牛顿致胡克的信，1679 年 11 月 28 日，《通信集二》，信函 236。

16　正如柯瓦雷所说，随后的讨论向我们展现了"那个时代最杰出人物的科学认识水平或理解力的缺乏"。克里斯托弗·雷恩提议把一颗子弹几乎竖直地向上发射出去，但要朝"各个方向"发射出去，看看子弹落下时是否形成一个正圆。弗拉姆斯蒂德表示，垂直发射的子弹不会落回"枪口"；他提出将子弹以 87 度角射出。亚历山大·柯瓦雷，《牛顿研究》，第 246 页。

17　胡克致牛顿的信，1679 年 12 月 9 日。实际上，牛顿犯了一个双重错误，因为他还指出，一个在北半球下落的物体向东运动时会向南偏。但这种情况具有复杂性。胡克设想了一种虚空的存在，正如牛顿后来所指出的，穿过诸如空气等阻力介质的路径实际上会是一种朝向地球中心的螺旋线。而且，两人（起初）都没有准备好从引力的角度去考虑，地球的质量扩展至一个延伸到落体轨道之外的球体而非集中在一个中心点上意味着什么。亚历山大·柯瓦雷，《牛顿研究》，第 248 页，以及《通信集二》，信函 237。

18　牛顿后来告诉哈雷："我拒绝了他的信，告诉他我已经把哲学放在了一边……希望再也不会收到他的信，我几乎无法说服自己回复他的第二封信。（我）没有回复他的第三封信。"牛顿致哈雷的信，1686 年 6 月 20 日，《通信集二》，信函 288。

19　胡克把地球的中心错误地放在了椭圆的中心而非焦点上。胡克致牛顿的信，1679 年 12 月 9 日，《通信集二》，信函 237；牛顿致胡克的信，1679 年 12 月 13 日，《通信集二》，信函 238。
　　对这些图以及它们所揭示的牛顿对于可能性的理解（追溯至他对曲率最早的数学研究，并推进到《原理》）做出透彻而有说服力的分析的是 J. 布鲁斯·布拉肯里奇和迈克尔·瑙恩博格的《牛顿动力学中的曲率》（"Curvature in Newton's Dynamics"），参见 I. 伯纳德·科恩和乔治·E. 史密斯的《剑桥牛顿指南》（Cambridge Companion to Newton）。

20　胡克致牛顿的信，1680 年 1 月 6 日，《通信集二》，信函 239。

21　胡克致牛顿的信，1680 年 1 月 17 日，《通信集二》，信函 240。

22　"然后胡克先生说他已经掌握了这个定律，但他要隐瞒一段时间，以便让其他尝试并失败的人知道如何估量它的价值，等到那时他才会公开。"哈雷致牛顿的信，1686 年 6 月 29 日，《通信集二》，信函 289。

23 Add MS 3965，《论物体在轨道上的运动》(*De motu corporum in gyrum*)，参见 A. 鲁泼特·霍尔和玛丽·博厄斯·霍尔的《未发表的科学论文》，第 241 页。

24 《论物体在轨道上的运动》，参见约翰·赫维尔的《牛顿〈原理〉的背景》，第 257-289 页。

25 弗拉姆斯蒂德致牛顿的信，1684 年 12 月 27 日，《通信集二》，信函 273。弗拉姆斯蒂德最终确实看到了这篇论文。

26 弗拉姆斯蒂德致牛顿的信，1684 年 12 月 27 日和 1685 年 1 月 12 日，《通信集二》，信函 273 和信函 276。

27 亨弗莱·牛顿的回忆，理查德·S. 韦斯特福尔，《永不止息》引述，第 406 页。

28 《原理》，第 382 页。

29 "……表达方式将会是非同寻常且纯粹数学的……因此，那些把这些词语解释为被测量之量的人就是歪曲了《圣经》。而他们也同样玷污了数学和哲学……"《原理》，第 414 页。

30 《原理》，第 408 页。

第十二章

每一个物体保持其状态

ISAAC
NEWTON

1686 年 4 月 28 日，时任皇家学会文书的哈雷记录道："受令要给牛顿先生写一封感谢信……同时，这本书交由哈雷先生负责。"[1]

当时只有哈雷知道"这本书"的内容——第一札手稿由牛顿的抄写员[2]于剑桥誊写，并被冠以《自然哲学的数学原理》(*Philosophiæ Naturalis Principia Mathematica*，简称《原理》)这个宏伟之名寄往伦敦。哈雷此前一直在提醒皇家学会："这是对哥白尼猜想的数学论证。它仅靠向太阳中心的引力随距离平方减小的假设来解释所有的天体运动现象。"[3]胡克听到了这番话。

三个星期后，哈雷写了那封感谢信："您无与伦比的论文……"他说服尚无一人读过手稿的皇家学会成员以大四开本的规格印制手稿，图示采用木版画。他感到还有一件必须告诉牛顿的事："也就是说，胡克先生对引力减小法则有一些主张……他说您的想法来自他，（而且）他似乎期望您能够在序言中提到他……"[4]

牛顿交付的是《原理》的第一卷。他已经完成了第二卷的大部分内容，第三卷指日可待。他因怒火而中断了工作，查阅过去的手稿，如雷鸣一般地咆哮，主要是为哈雷着想。他指责胡克是个成事不足，败事有余的伪君子：

这种针对我的举动非常奇怪，而且不是我该承受的，因此我忍不住要跟你多说两句公道话……他倒不如以无能为由替自己开脱。因为他说的话已经再清楚不过，他不知道对此该做些什么。现在这样不是很好吗？发现问题、解决问题并完成所有日常工作的数学家一定只甘于枯燥的计算和勤苦的工作，而其他无所事事却装模作样并染指所有事情的人，一定觊觎所有的发现……

胡克先生在他所声称的发现中犯了错误，他的错误是他制造的所有混乱的原因……

他自认为告诉我他的理论是帮了我的忙，但我认为面对他自己被权威纠正的错误是对我的打扰，他教给我一个尽人皆知的理论，而且我对这个理论的理解要比他本人更为准确。要是一个人自以为知道，还很喜欢在纠正和指教别人的时候表现出来，在你忙碌的时候来找你，而且无视你的婉言拒绝，对你长篇大论，并且用他自己的错误来纠正你，然后越发说个没完，接着还利用这个错误吹嘘他把自己所说的都教给你了，还强迫你认同他说的话，不然的话就大喊受到不公的对待，我相信你会认为他是个脾气古怪、难以相处的人。[5]

在第二卷的草稿中，牛顿提到了"最杰出的胡克"（Cl[arissimus] Hookius）[6]，但此时，但凡提到胡克，他都表示异议，并威胁要放弃第三卷。"哲学就像一个不知礼数的好斗女士，一个男人情愿打官司也不愿与她有纠葛。我很早就发现了这一点，而现在，我才一靠近她，她就给了我警告。"[7] 胡克并不是第一个提出引力平方反比定律的人；无论如何，这个定律对他来说是一个猜想。这个猜想孤独地站在那里，就像其他无数关于宇宙本质的猜想。对牛顿而言，这个定律是根深蒂固、具有联系性和必然存在的。牛顿这个不断发展的体系，其每个部分都让其他方面得到了加强。这个体系的力量就在其间的相互依赖之中。

与此同时，哈雷发现自己陷入了出版事宜的泥潭。皇家学会从未真正同意过印制这本书。实际上，它此前刚刚同意出版了一本书，一部内容恢宏却销售惨淡的两卷本——《鱼类的历史》(*History of Fishes*)。[8] 经过多番讨论，理事会成员投票决定印制《原理》，但由哈雷来负责，且费用自理。理事会成员们把《鱼类的历史》剩下的副本给了哈雷，以此来代付哈雷的薪水。无妨。年轻的哈雷是个信徒，他挑起了这个重担：审阅残缺不齐和失而复得的书稿，还有复杂难懂的木版画图示，清查勘误表，而最重要的是取悦和逢迎作者，好让他笔耕不辍。"以科学去完善所有过去时代拥有但在之后盲目摸索的成果，这将是您的荣光。"[9] 至少，这奉承话是出自真心的。

1687 年 7 月，哈雷用一辆四轮马车把六十册《自然哲学的数学原理》从伦敦运到了剑桥。他恳请牛顿把其中的二十册派发给其大学的同事，把剩下的四十册交给书商，每册售价为五或六先令。[10] 书的开篇是一段哈雷写给作者的华丽颂诗。后来在《哲学汇刊》上刊登的一篇满是恭维之词的匿名评论，也出自哈雷之手。[11]

在对术语进行定义之后，牛顿即刻公布了运动定律。

定律 1。每一个物体都保持其静止或匀速直线运动状

态，除非有外力迫使它改变自身的状态。一颗炮弹如果没有受到空气的阻滞和重力的向下拖曳，就会永远沿直线飞行。第一条定律虽未被命名，但陈述了惯性原理，对伽利略的原理做出了改进。两种状态（"静止"和"匀速直线运动"）被一视同仁。如果飞行的炮弹体现出某种力，那么静止的炮弹也会如此。

定律 2。运动的改变与引起运动的外力成正比，并且发生在沿着那个力被施加的直线上。力产生运动，这是一些需要根据数学规则进行求和或求积的量。

定律 3。对每个作用力，总是存在一个相等的反作用力与它对抗；或者，两物体彼此之间的作用力与反作用力永远相等，并且方向相反。若用手指按压一块石头，那么手指也要被石头所按压。如果一匹马拉引一块系于绳上的石头，那么这匹马将被相等的力向后拉向石头。作用是相互的作用，没有谁优先于谁一说。如果地球牵引月球，那么月球反过来也在牵引地球。[12]

牛顿把这些定律作为公理，以此来构建推理和证明的基础。"定律"（lex）是一个富有力量的特殊用语。[13]培根曾谈到过定律——基本定律和普遍定律。笛卡儿在他的《哲

学原理》一书中曾尝试提出三条专门涉及运动的定律，即
"数量规则或自然定律"（regulæ quædam sive leges naturæ），
其中包括一条惯性定律，这并非偶然。对于牛顿而言，定
律构成了整个体系所仰赖的基础。

　　一条定律不是一个原因，但它也不仅仅只是一种描述。
定律是一种行为规则：在这里是上帝的定律，它适用于所
有的造物。定律是需要遵守的，无生命的粒子要遵守，有
生命的造物也要遵守。牛顿选择不似讲到自然那样过多地
讲到上帝。"自然极为简单，且与自身和谐一致。任何适用
于较大运动的推理也应当适用于较小的运动。"[14]

　　牛顿以希腊几何学的方法构建自己的论证：公理、引
理、推论，"此即所证"（Q.E.D.）。作为完善知识可用的最
佳模式，此方法为牛顿物理研究的确定性提供了保障。他
证明了关于三角形、切线、弦和平行四边形的事实，并由
此通过一长串论证证明了关于月球和潮汐的事实。在获得
这些发现的过程中，他发明了一种新的数学概念：微积分。
微积分和这些发现是一个整体。但他眼下切断了两者之间
的联系。他没有为读者提供一种作为其主张之基础的深奥
数理，而是以正统几何学为基础。说是正统，但它依旧是

新事物，因为他必须引入无穷和无穷小量。尽管他的图解看起来是静态的，但它们描绘了动态变化的过程。他的引理谈到"不断趋于相等或无限变小"，谈到"同时靠近并最终消失"的区域，谈到"瞬间的增量""最终比"和"曲线的极限"。他画了一些线条和三角形，看似有限但注定要面临消失。他为现代的分析披上了旧式的伪装。[15] 他试图让读者为悖论做好准备。

可能会有人反对，认为不存在消失量的最终比，因为在量消失之前，这个比不是最终的，而在量消失之后，这个比根本不存在……但答案很简单，消失量的最终比不应理解为量在消失前或消失后的比，而应理解为量在消失时的比。[16]

图解似乎体现了空间，但时间不断渗入："让时间分成相等的部分……如果面积与时间几近正比的话……"

在牛顿与胡克争论彗星和落体的轨道时，他们避开了一个关键问题。地球上所有的物质不是集中在其中心上，而是散布在一个巨大的球体上——无数个部分形成了地球的吸引力。如果把地球看作一个施加引力的整体，那么这个力就应该是这些部分施加之力的总和。对于一个靠近地球表面的物体而言，这个整体中的一些部分会落在物体的下方，而另一些部分则会偏在物体的侧面。用后来的话说，这就会是个积分问题；在《原理》中，牛顿用几何方法解决了这个问题，证明一个完美球壳吸引外部物体的力与到中心距离的平方成反比。[17]

与此同时，牛顿还需要解决被吸引至这一中心的抛射体轨道的问题，不是用恒力来解决，而是用一种不断变化的力，因为这个力取决于距离。他必须为在三维空间中大小和方向时刻在变的速度创造一种动力。从来没有一个哲学家想到过如此的事物，更不用说把它创造出来了。

地球上只有少数数学家和天文学家会想要追随这一论证。《原理》晦涩难懂的名声传播得比这本书本身还要快。据说，一位剑桥大学的学生在看到牛顿经过时评论说："就是这个人写了一本无论是他自己还是别人都看不懂的书。"[18]牛顿本人说过，他曾考虑撰写一个"大众"版本，但还是选择了缩小读者范围，以避免争论，或是像他私下所说的，"为了避免被对数学一知半解的刻薄之辈咬住不放"。[19]

但是，随着论证链的继续，《原理》不动声色地转向了实用。命题具有了"如何操作"的性质。由给定的焦点求椭圆轨道。由给定的三个点画出相交于第四个点的三条倾斜直线。求波的速度。求一个在流体中运动的球受到的阻力。焦点未被给定时求轨道。"此即所证"让位给"此即所作"（Q.E.F.）和"此即所求"（Q.E.I.）。由给定抛物线的轨迹求物体在指定时间的位置。

等待天文学家的是一场盛宴。

在研究过程中，牛顿停下来抹去了笛卡儿宇宙论连同其天体涡旋的痕迹。著有《哲学原理》的笛卡儿是牛顿最重要的引路人，笛卡儿给了他惯性的核心原则，而笛卡儿就是他此刻最想忘记的人。牛顿认真对待涡旋从而消除了它：他进行了数学计算。他创造出计算流体介质中物体旋转的方法；他不休不眠地边想象边计算，直到证明这样的涡旋无法持续存在。运动将会消失，旋转将会停止。观察到的火星和金星的轨道无法与地球的运动相一致。他总结道："涡旋的假说……只能让天体的运动更加难懂，而没有说清它们。"[20] 现在有充分的理由可以说，月球、行星和彗星遵循运动定律，受到引力的影响在自由的空间中滑行。

第三卷讨论了"宇宙的系统"（*The System of the World*）。此卷汇集了宇宙的现象，展现出的精确性在哲学史上无人能及。现象一：木星的四颗已知卫星。牛顿有四组观察结果可以合并。他得出一些数：卫星以天、小时、分钟和秒为单位的轨道周期，以及它们与行星的最大距离，数值精确到木星半径的近千分之一。他还对水星、金星、火星、木星和土星这五个行星进行了同样的观察，除此之外，还有月球。

根据第一卷中设立的命题，牛顿此时证明所有这些星球都被一个力拉离直线并进入朝向（木星、太阳或地球）中心的轨道，而这个力与距离的平方成反比。他使用了"吸引"这个词。"月球受地球吸引，并在吸引力的作用下总是从直线运动中退离并保持在轨道上。"[21] 他用二十年前在伍尔索普没能掌握的数据进行了从苹果到月球的计算。月球的轨道周期是 27 天 7 小时 43 分。地球的赤道周长是 123 249 600 巴黎尺[22]。如果使月球保持在轨道上的力把一个落体牵引至"我们的区域"，那么这个物体就应一秒坠落 15 英尺 $1\frac{4}{27}$ 英寸。"而且重物确实会因这种力下落到地球上。"没人能够如此精确地测量落体的下落时间，但牛顿通过摆动钟摆和计算得到了一些数，他狡猾地夸大了精确度。[23] 牛顿说他曾对金、银、铅、玻璃、沙子、盐、木头、水和小麦做过实验——把它们悬挂在系于 11 英尺的长绳上的一对相同的木箱中，然后对这些摆锤进行精确计时，并检测到千分之一的差异。[24]

此外，牛顿还提出天体必定会相互干扰：木星影响着土星的运动，太阳影响着地球，太阳和月球都影响着海洋。"所有的行星彼此有引力。"[25] 他宣布：

> 现在可以确定这个力是引力了，因此从现在开始，我们应该称之为引力。

牛顿走到这一步并不是一时的灵感所致。万有引力的提出源于一系列主张，这些主张一个胜一个地奇特。一个力把物体拉向地球的中心。这个力一直延伸到月球，就像牵拉一个苹果那样牵拉着月球。一个完全相同的力（但朝向太阳的中心）使地球保持在轨道上。每个行星都有自己的引力；木星有对其卫星的引力，一如太阳有对其行星的引力。而它们彼此以与其自身质量成比例的方式相互吸引。在地球牵拉月球的时候，月球也在反过来牵拉地球，将其自身的引力与太阳的引力叠加，这个合力掠过地球上的海洋，引起每天的涨潮。这个力指向物体的中心，这并非因为中心有什么特别之处，而是作为以下最终论述的数学结果：

宇宙中每一个物质粒子都吸引其他每一个粒子。从这一综合归纳可以得知，其余事物皆从此律。引力是普遍存在的。

牛顿找出了不同行星上的引力的测定方法。他计算了行星的密度，提出地球的密度是木星或太阳的密度的四倍。他提出，由于行星处在不同距离的位置上，因此它们可能获得的太阳热量也或多或少；如果地球所在位置与太阳的距离和土星的一样遥远，那么地球上的水就应该冻结了。[26]

他计算了地球的形状——那不是一个标准的球体，而是扁圆形的，因为其旋转而在赤道位置凸起。他计算出给定质量在不同的高度，其重力会有所不同；的确，"我们的同乡小伙儿哈雷在 1677 年前后航行到圣海伦娜岛，发现他的钟摆在那里要比在伦敦摆动得缓慢许多，但他没有记录下这一差异"。[27]

他解释了地轴的缓慢进动，这是地球已知运动中的第三个，也是最神秘的运动。地球就像一个略微失衡的陀螺，地轴相对于恒星背景大约每 72 年变化 1 度。此前从未有人猜测过其中的原因。牛顿计算出岁差是太阳和月球对地球赤道的凸起引力牵拉的复杂结果。

牛顿将一种彗星理论编织进这张纹理交错的挂毯中。如果引力是普遍存在的，那它也必定适用于彗星这样看似随机的访客。这些访客的表现就像太阳的那些遥远、偏心的卫星，围绕穿越行星表面的长椭圆轨道运行，或甚至是围绕延伸至无穷的椭圆轨道——抛物线和双曲线运行，在这种情况下，彗星永远都不会返回。

这些元素像机器零件一样啮合在一起，是一个完美技工的作品，就像一件复杂的钟表，一个随着《原理》为人所知而出现在很多人脑中的隐喻。但牛顿本人沉迷于这种对纯粹秩序和完美决定论的幻想。在继续计算不可能计算之物过程中，他预见到多个（而不是两个或三个）天体的相互影响中可能出现的混乱。他看到，行星系的中心，准确来说并不是太阳，而是振动的共同引力中心。毕竟，行星轨道准确来说不是椭圆形，而且肯定不会是重复出现的同一椭圆形。他写道："行星每做一次轨道运行就会画出一个新的轨道，月球的运动也是如此，而每个轨道都取决于所有行星的组合运动，更不用说它们彼此间的作用了。除非我错得离谱，否则要同时考虑如此之多的运动因素，并通过让计算变得容易的精确法则来定义运动，就将超出人类智慧的能力范畴。"[28]

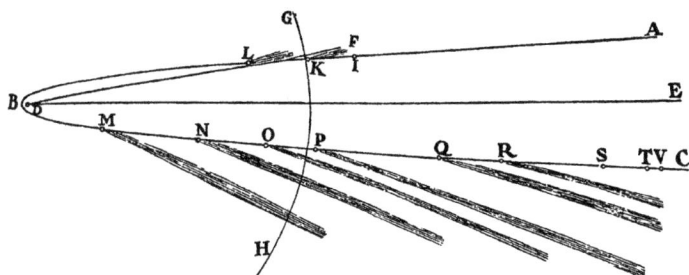

1680 年的彗星

"由弗拉姆斯蒂德观测"并"由哈雷博士修正"。

牛顿还整理了蓬蒂奥在罗马、加莱在阿维翁、昂戈神父在拉弗莱什学院、"一名青年"在剑桥和阿瑟·斯托勒先生在弗吉尼亚边界处马里兰亨廷克里克的观测结果。"我绘制了一张图……给出了这一彗星的真实轨道以及在若干位置喷射出的尾。"他得出的结论是，彗尾总是升高到背离太阳的区域，并"必定存在某些反射物质"——烟或蒸气。

　　但牛顿解答了另一个复杂而令人迷惑的现象——潮汐。他收集了一些零散的原始数据。塞缪尔·斯图米记录了布里斯托尔下游三千米处雅芳河河口的观测结果。塞缪尔·科普莱斯测算了普利茅斯港的涨潮和退潮数据。牛顿思考过太平洋和埃塞俄比亚海、诺曼底海湾和勃固河湾的潮汐现象。[29] 哈雷本人分析了巴特沙港水手在亚洲海港的观测结果。这些数据都没有形成严谨的系列运算，但每 25 小时出现两次满潮的模式是明确且全球性的。牛顿整理了数据并提出了自己的理论主张。月球和太阳都牵引海洋，它们合并的引力抬升地球相对两侧的一对对称凸起而形成了潮汐。

开普勒曾提出过月球对海洋的影响。伽利略为此而嘲笑了他：

那个想法简直让我感到深恶痛绝……我无法让自己相信诸如光、温暖的温度、隐秘性质的主导和类似无用想象之类的原因……

开普勒比其他任何人都更让我感到惊讶……尽管他掌握了因地球而起的运动，但他还是听信并赞同了月球对水的支配、隐秘性质和如此幼稚的想法。[30]

此时，牛顿也求助于无形的超距作用。这种诉诸奥秘的做法必然冒犯了新派哲学家。

在面对这种现象之前，牛顿阐述了"哲学思考的规则"——科学的规则，其方式甚至比运动定律更为基础。

"除那些真实且已足够说明其现象者外，不必去寻求自然界事物的其他原因。"当一种解释就已足够时，不要添加更多的解释。

"自然界中的同一类结果，必须尽可能地归于同一种原因。"假设人类和动物的呼吸出于同一原因，石块在欧洲和美洲的下落是一样的，光以同样的方式在地球和行星上反射。[31]

但机械论哲学已经有了规则，而牛顿以惊人的方式藐视了其中的一条。物理原因被认为是直观的：物质撞击或挤压物质，而不是释放从远处施加作用的无形之力。超距作用穿越虚空，带有魔力。关于隐秘性质的解释本该被禁止。为了排除笛卡儿的涡旋，牛顿拿掉了一个迫切需要的仰仗。他没有提供任何替代的机械阐述。的确，惠更斯在第一次听说牛顿的系统时回答："只要他不向我们提出诸如吸引之类的猜测，我就不在乎他是不是笛卡儿主义者。"[32] 为了预防无可避免的批评，牛顿使用了一招双簧——坦白和挑衅。

我已经用引力解释了天体和我们的海洋的现象，但我尚未指明引力的原因……我尚未能推导出……引力的那些属性的原因，且我不杜撰假说。因为，凡不是来源于现象的，都应被称为假说；而假说，无论是形而上学的还是物理学的，无论是关于隐秘性质的还是关于机械性质的，在实验哲学中都没有位置……[33]

因此，引力不是机械的，不是隐秘的，不是假说。牛顿通过数学证明了这一点。他说："引力确实存在，并按照我们已阐述的定律作用，它足以解释天体和我们的海洋的一切运动，这就足够了。"[34] 即使它的本质还无法被理解，但它也无法被否认。

牛顿一开始就表示自己的使命是去发现自然界的力。他从观测到和记录下的天体运动中推导出各种力。他创造了一个伟大的主张（"宇宙的系统"），但仍表示他的系统是不完整的。实际上，不完整正是这个系统最大的优点。他为科学——那个呱呱待坠的体制，留下一个实用而开放的研究体系。很多工作需要去做，很多预测需要去计算，然后去验证。

牛顿写道："我期望其余的自然现象能由机械原理用同类的论证导出！因为许多理由使我怀疑一切现象都可能依赖某些力，这些力出于一些至今尚不为人所知的原因，驱使物体的粒子相互碰撞并凝聚成规则的形状，或彼此排斥并退离。"[35] 未知的力，比他在数十年的炼金术研究中所寻求的力更加神秘。他的怀疑预见了现代物理的体系：某些力——吸引力和排斥力，其最终原因尚不清楚。

注释

1　托马斯·伯奇，《皇家学会史》，卷四，第 480 页。

2　亨弗莱·牛顿（与牛顿没有血缘关系）。

3　托马斯·伯奇，《皇家学会史》，卷四，第 480 页。

4　哈雷致牛顿的信，1686 年 5 月 22 日，《通信集二》，信函 285。

5　牛顿致哈雷的信，1686 年 5 月 27 日、6 月 20 日、7 月 14 日和 7 月 27
　　日，《通信集二》，信函 286、288、290 和 291。

6　理查德·S. 韦斯特福尔，《永不止息》，第 449 页。在删除胡克的名字之
　　后，牛顿早早就以醒目的方式提到"克里斯托弗·雷恩爵士、约翰·沃
　　利斯博士和克里斯蒂安·惠更斯先生，显然是上一代重要的几何学者"。
　　《原理》，第 424 页。

7　牛顿致哈雷的信，1686 年 6 月 20 日，《通信集二》，信函 288。

8　弗朗西斯·威洛比和约翰·雷，《鱼类的历史》（Historia Piscium，伦敦：
　　约翰·马廷，皇家学会印刷商，1678 年）。

9　哈雷致牛顿的信，1687 年 2 月 24 日，《通信集二》，信函 302。

10　哈雷致牛顿的信，1687 年 7 月 5 日，《通信集二》，信函 309。

11　《哲学汇刊》，16: 291。

12　《原理》，第 416-417 页。

13　参见 J. R. 米尔顿，《自然定律》（Laws of Nature），参见丹尼尔·加伯和
　　迈克尔·埃尔斯的《剑桥十七世纪哲学史》，第 680 页。在"定律"被科
　　学发现之后对其进行命名的做法当时尚不存在，这种做法始于《原理》。
　　开普勒定律要早于牛顿定律，但"开普勒定律"这一提法是 18 世纪的一
　　种逆成。

14　原文为 "Natura valde simplex est et sibi consona"，《结语》（Conclusio,
　　Add MS 4005），参见 A. 鲁泼特·霍尔，玛丽·博厄斯·霍尔的《未发
　　表的科学论文》，第 333 页。

15　掌握微积分的现代物理系学生常常会觉得用微积分推导出牛顿的结果很
　　简单，但牛顿在《原理》中采用的几何方法来理解同样的结果却很困
　　难。牛顿本人已经对此有所预见。《原理》问世 30 年后，他以第三人称
　　的口吻写了一篇匿名文章：
　　　牛顿先生借助新的分析法提出了《自然哲学的数学原理》中的大部分命
　　题，但古人为保万无一失而在几何学得到综合论证之前没有往其中纳入
　　任何东西，从而令天体系统可能建立在好的几何学之上。这就使得现在

这些对几何学不熟悉的人很难理解那些命题赖以被提出的分析。《哲学汇刊》29 (1715): 206。

在与莱布尼茨争论谁发明了微积分的过程中，牛顿写了这篇文章，并对微积分的使用提出了类似的利己说法。学者们对此争论不休。就新分析法而言，他们没有发现任何类似《原理》废弃草稿的东西。

16　《原理》，第 442 页。

17　《原理》，第 590 页。

18　康杜特在牛顿去世后的二手或三手回忆。Keynes MS 130.6。

19　《原理》第 793 页和 Keynes MS 133。

20　《原理》，第 790 页。

21　《原理》，第 803 页。

22　1 巴黎尺 ≈ 0.3248 米。——译者注

23　在此处和其他的一些计算中，牛顿并没有超脱于操纵数字来得到精确表象的做法。但没有人跟他对质。处于类似境况的伽利略则选择了放弃精确的数值计算，他说像空气阻力这样变化多端的东西不会"遵从固定的定律和精确的描述……必须摆脱这些难题的束缚"。相比之下，牛顿要求自己和科学不排除任何事物并计算一切。就像韦斯特福尔所说的："现代物理学完完全全以《原理》为模型，以至于我们几乎无法意识到此类计算具有怎样的空前意义。"基于可用的数据，达到如此的精确度是不可能的，于是他有时会作弊。理查德·S. 韦斯特福尔，《牛顿与敷衍因子》（"Newton and the Fudge Factor"），《科学》（Science）第 179 期（1973 年 2 月 23 日）：第 751 页。以及尼古拉·科勒斯特姆，《牛顿的月球质量误差》（"Newton's Lunar Mass Error"），《英国天文协会学报》（Journal of the British Astronomical Association）第 95 期（1995 年），第 151 页。另一个被怀特赛德称为"数字造假的精巧艺术"的例子，参见《牛顿数学论文集》（The Mathematical Papers of Isaac Newton），第六卷，第 508-536 页。

24　《原理》，第 807 页。

25　《原理》，第 806 页。

26　《原理》，第 814 页。

27　《原理》，第 829 页。

28　Add MS 3965，《论物体的运动》（"De motu corporum"），参见 A. 鲁泼特·霍尔和玛丽·博厄斯·霍尔的《未发表的科学论文》，第 281 页。

29　《原理》，第 875-878 页和第 839 页。这些数据没有任何确凿之处，但牛顿没有置之不理。他没有将自己的研究局限于理想化的潮汐，而是尝试

去考虑河口和河流的地理状况。他研究了巴特沙港的地图,图上标有抵达中国海和印度洋的众多海口和明渠,并提出了一种可以用来解释这些数据的波动干扰理论。I. 伯纳德·科恩,《命题 24:潮汐理论;干扰原理的首次阐明》("Prop. 24: Theory of the Tides; The First Enunciation of the Principle of Interference"),参见《原理》,第 240 页;罗南,《埃德蒙·哈雷:被埋没的天才》(*Edmond Halley: Genius in Eclipse*),第 69f 页。

30 伽利略,《关于两门新科学的对话》,第 445 页和第 462 页。

31 这些在第二版中明确地成了规则;在第一版中,它们被称为"假说"。《原理》,第 794-796 页。一共有四条规则,其他的规则如下。

物体的属性,凡既不能增强也不能减弱者,又为我们实验范围所及的一切物体所具有者,就应被视为所有物体的普遍属性。

在实验哲学中,由现象通过归纳推得的命题,在其他现象使这些命题更为精确或出现例外之前,无论相反的假说,应被认为是完全真实的,或近乎真实的。

32 理查德·S. 韦斯特福尔,《永不止息》引述,第 464 页。

33 "I do not feign hypotheses"("我不杜撰假说")是对历史上争议最大的翻译问题之一的最普遍的英文解决办法:其拉丁原文为 "Hypotheses non fingo"。"frame" 是一个合理的替代用词。无论用哪个词语,牛顿都因这句话而扬名,但他并不是第一个这么说的人。(比如)亨利·奥尔登堡曾把皇家学会的大师们描述为"那些既不杜撰,也不制定自然界作用之假说的人,寻求的是事物本身"。奥尔登堡致弗朗西斯科·特拉瓦基诺的信,1667 年 5 月 15 日。

34 《原理》,第 943 页。

35 《原理》,第 382 页。

第十三章

他和其他人一样吗？

ISAAC
NEWTON

正如培根在 17 世纪初所说的："机械学家、数学家、医生、炼金术士和巫师全都着眼于事功的自然研究，但到目前为止，都努力甚微，成功亦少。"[1] 他试图为一种在当时尚未得名的新研究的登场做好准备，它将会解释和洞察自然，并教会我们如何掌握自然。"科学家"的原型尚未准备就绪。

哈雷在 1687 年宣布了《原理》的问世，并称其作者"最终被劝服公开露面"。[2] 确实，牛顿在 45 岁这年成了一个公众人物。他开始不情愿地演变成后世眼中的 18 世纪偶像。哈雷还写了一篇名为《我们的时代和民族的伟大荣耀以及这本数学－物理学著作》的颂诗。哈雷给当时的英国国王寄去了一本《原理》："这本书难得如此值得一位王公的瞩目，其中呈现了关于这个可见世界构成的如此之多和如此伟大的发现，而毋庸置疑，它必定会博得陛下的青睐。"³ 为了便于阅读，哈雷还附上了一份解释潮汐的摘要。国王詹姆斯二世在继承兄长的王位之前曾担任过海军大臣。

哈雷解释说："核心原理莫过于'引（重）力'，地球上一切物体皆因它而具有一种朝向地心的趋势。"太阳、月球和行星都具有这种引力。这个力随距离平方的增加而减小。所以，一吨的重量在升至 4000 英里的高度时就会仅为四分之一吨。落体的加速度以同样的方式减小。距离非常大时，重量和下落都会非常小，但不为零。即使在土星那样的遥远距离之处，太阳的引力依然是巨大的。因此，作者凭借杰出的智慧发现了迄今尚未为人知晓的彗星和海洋退潮、涨潮的运动定律。

真理是统一的，且始终不变，令人惊叹的是，一旦获知正确和真正的原理，我们就能轻易了解异常深奥和难懂的事物。⁴

哈雷本不必打扰国王。詹姆斯二世有其他的烦恼。在那注定要失败的短暂统治期间，他想方设法想要把英格兰变成一个罗马天主教国家，在军队、法院、自治市政当局、县政府、枢密院，以及大学推行自己的意志。在剑桥，詹姆斯成了牛顿的反对者。

　　国王通过颁布皇家御令、选任天主教徒研究员和学院主管向剑桥这座新教的堡垒彰显自己的权威。紧张局势加剧——对天主教的嫌恶不仅被写进剑桥的规章里，也融入剑桥的文化之中。不可避免的冲突在 1687 年 2 月爆发，詹姆斯命令剑桥大学给一名本笃会修士颁发文学硕士学位，并免除了必要的审查和效忠圣公会的宣誓。学校的官员一边拖延一边强忍怒火。数学教授牛顿卷入这场纷争之中——他是坚定的清教徒，痴迷于神学，反对偶像崇拜和放纵。他研究了一些文件：伊丽莎白女王授予大学的皇家特许状、法人组织法案、法规和开封特许状。他敦促剑桥维护法律并违抗王命："那些建议陛下违背大学意愿的人不可能是他真正的朋友……因此要拿出勇气并坚守法律……如果一个天主教徒当上院长，以后就会有一百个……在此类事情中，有法律为依靠的诚实勇敢之人将拥有一切。"[5]在对峙结束前，剑桥大学的副校监因违抗命令被判有罪，并被剥夺了职务，但那名本笃会修士没有获得学位。

　　牛顿选择了一条既冒险又明智的道路。剑桥的危机是国家危机的缩影。对于动荡不安的英格兰而言，新教代表着法律和自由，天主教意味着专制和奴役。詹姆斯对国家实行天主教化的决心导致了斯图亚特王朝的覆灭。在不到两年里，一支荷兰舰队来到分裂的英格兰，詹姆斯逃亡到法国，新一届议会在威斯敏斯特宫召集会议，被剑桥大学理事会推选为代表的牛顿就是参会的议员之一。议会在1689年宣布威廉和玛丽成为新君主，同时宣布君主制受国法的限制和约束。议会废除了和平时期的常备军，并制定了《权利法案》。议会扩大了宗教的宽容度，但明确将罗马天主教和那些否认圣三一的异教徒排除在外。牛顿见证了所有这些议会程序，但保持了沉默。他向剑桥提交了一份列有编号主张的报告：

> 1. 宣誓效忠国王，仅为国法赋予他应得的忠诚与服从。因为倘若信仰和忠诚超出法律要求的范畴，我们就该宣誓自己为奴且国王拥有绝对之权力：但根据法律，我们是自由之人……[6]

在国家的政治权力中枢，牛顿在下议院附近租了一间房。他穿上学袍，白发梳得垂在肩上，并让伦敦最受欢迎的肖像画师为自己画像。[7]《原理》的内容在英格兰的咖啡馆和国外传播开来。牛顿参加皇家学会的会议和社交聚会。

他认识了正身在伦敦的克里斯蒂安·惠更斯、皇家学会主席塞缪尔·佩皮斯，还有年轻的瑞士数学家和神秘主义者尼古拉·法蒂奥·丢勒，以及完美契合眼下政治革命的哲学家约翰·洛克，并与他们结为同好。惠更斯仍对《原理》诉诸神秘吸引力的做法持保留意见，但对其中严谨的数学方法则毫无保留意见，并慷慨地推介这本书。惠更斯的朋友法蒂奥满腔热情地从笛卡儿的信徒变成了牛顿的追随者。法蒂奥开始充当牛顿和惠更斯之间的交流通道，并承担起为《原理》修订版编辑勘误表的任务。牛顿发自内心地喜欢这个莽撞、崇拜英雄的年轻人。这个年轻人越来越多地与牛顿同住在伦敦，并到剑桥看望牛顿。

洛克刚刚完成了一部出色的著作——《人类理解论》（*An Essay Concerning Human Understanding*），并将《原理》视为系统性知识的典范。他没有假装对数学了然于心。他们讨论神学——洛克对牛顿理解《圣经》的深度感到吃惊——这两个理性的典范人物发现彼此在反三位一体论这一危险的领域中志同道合。牛顿开始把关于《圣经》经文之讹误"的论文以偷偷写给一位无名"朋友"的方式寄给洛克。这些信函的内容动辄数千言。牛顿写道："您似乎对《约翰一书》第五章第七节中的'在天上作见证的原来有三’感到好奇。这正是关键所在，说的是‘圣父、圣言和圣灵’。”牛顿回溯了各个时期的这段经文：拉丁文的阐释、圣耶柔米插入的文字、罗马教会的滥用、汪达尔人对非洲人的影响，以及写在页边空白处的种种改动。他说他信任洛克的谨慎和稳健的脾性。他说："服务于真理的最佳方式莫过于清除其中的虚假事物。"[8] 尽管如此，他仍旧禁止洛克公开这一有违国教信仰的言论。

> 在有争议的地方，我乐于接受我理解得最透彻的东西。这是人类性情在宗教事务上总是热衷神秘的热烈而迷信的那一部分，他们也因此最喜欢他们最不了解的事物。

与此同时，佩皮斯在伦敦的俱乐部里和赌桌上发现了神秘之事，他向牛顿求教了一个有关休闲哲学的问题："确定这一或那一给定机会或运气附带风险之真实比例的原则。"佩皮斯为了钱掷骰子，因此需要一位数学家的指导。他问道：

A——骰子盒里有 6 个骰子，他要掷出一个 6 点。

B——另一个骰子盒里有 12 个骰子，他要掷出 2 个 6 点。

C——另一个骰子盒里有 18 个骰子，他要掷出 3 个 6 点。

问：在机会均等的情况下，做到 B 和 C 的难易程度是

否与做到 A 的一样？ [9]

牛顿解释了为什么做到 A 的概率更高，并就 1000 英镑、先令和便士的赌注为佩皮斯提供了准确的预期。

所有这些人都动用了与王室的友好关系，为牛顿谋求一个体面和收入丰厚的职位。牛顿假意反对："困在伦敦的空气里和按部就班的生活并非我所喜欢的。"[10] 但这些安排让他动了心。

伦敦在瘟疫和大火之后的二十五年中繁荣起来。成千上万的砖墙住宅建造了起来，克里斯托弗·雷恩设计了全新的圣保罗大教堂，街道变得宽敞笔直。伦敦成了可与巴黎和阿姆斯特丹媲美的贸易网络中心和世界金融之都。英格兰的贸易和制造业比以往任何时候都更集中在一个城市地区。报纸出现在舰队街的咖啡馆和印刷厂，有些报纸的销量达到数百份。商人们讨论公报上的内容，占星家们则制作历书。与过去的几十年相比，信息的流通几乎成了即时的。丹尼尔·笛福在回忆瘟疫年时写道："在那些日子里，我们还没有印刷报纸这类东西，用来传播事情的流言和报道……因此事情并没有像眼下这样，顷刻之间传遍全国。"[11] 人们认识到，知识意味着力量，就连数字和星星的知识也是如此。数字和天文学的深奥艺术需要比皇家学会更强大的支持者：英国海军和军械局。想成为大师的人可以订阅在 17 世纪八九十年代突然出现的期刊：《智者纪念周刊》（*Weekly Memorials for the Ingenious*）和《学者成果记录杂札》（*Miscellaneous Letters Giving an Account of the Works of the Learned*）。[12]

至于《原理》，这本书印制了不到一千册。虽然这些印本在欧洲大陆几乎不可能找到，但匿名评论于 1688 年春季和夏季出现在三本创建不久的杂志上，而《原理》一书也声名远扬。[13] 当洛必达侯爵问起为什么没人知道什么形状可以让物体在流体通过时阻力最小时，苏格兰数学家约翰·阿布斯诺特告诉他，牛顿的杰作对此也做出了回答。"他钦佩地大喊，天哪，那本书中到底讲述了多少知识？……他吃饭、喝水、睡觉吗？他和其他人一样吗？"[14]

尽管《原理》出版了，但牛顿从未停止过对它的完善。他正在准备第二版。他搜寻古希腊文献，为的是找到线索去证明自己相信古代人已经知道引力甚至平方反比定律的想法。他打算进行新的实验，并为自己有关月球运动的复杂理论寻找新的数据。除了纠正印刷错误外，他一遍又一遍地起草整个新章节，改良他的哲学规则。在对引力真实本质的理解中，他为不可避免的漏洞绞尽脑汁。他辗转反侧、来回思量，在一封信中写道："无生命的死物可以（没有其他非物质性东西作为中介）在不相互接触的情况下作用于并影响其他物质，这简直不可思议。引力必定是由遵循某些定律、不停作用的因素引起的，但这个因素是物质的还是非物质的，我把这个问题留给读者去思考。"[15]

牛顿还假装把隐藏在释文中的上帝（但他仍在不断为其纠结）留给了读者。上帝将绝对空间和绝对时间的信条告知牛顿。牛顿在许多从未公开过的草稿之一上写道："当时间的一瞬无处不在时，上帝能否无处不在?"[16] 一个活跃、无事不干涉的上帝必定组织宇宙和太阳系，否则，物质将在无限空间中均匀地散布或聚集成一个巨大的质量。当然，上帝之手在不发光物质（比如行星）和发光物质（比如太阳）的划分中是可以被看到的。对于所有这些，"我不认为仅凭自然原因就可以解释，而是被迫将之归于一种主动因素的辅助和作用"。[17] 牛顿也再次回到他的炼金术实验上。

无论牛顿是否和其他人一样，到了 1693 年的夏天，他的饮食和睡眠状况都很糟糕。他已活过五十个年头，奔波不断，穿梭于剑桥的沼泽地和伦敦的流光溢彩之间。在剑桥，他的挂名职务依然如初，但他此时几乎不再教课或办讲座了。在伦敦，他正在谋求那些需要英国国王支持的职位（其中包括皇家铸币厂的职位），但对自己的渴望却还未完全了解。在经历长期甚少交友的生活之后，牛顿在跟新朋友的关系中感到心下不安，尽管这些关系不即不离。法蒂奥的患病和对自己死亡的预感让牛顿备受折磨："我得了严重的感冒，它已经侵袭到我的肺部。我的脑子有些乱……如果我即将离开这一世，我希望我的兄长……可以替代我在你的友情中的位置。"随后他突然终止了与牛顿的关系并返回瑞士。[18]（法蒂奥此后又活了六十年。）

性欲也在夜晚困扰着牛顿。他很早就开始过单身生活。为此，他制定了一个理性的计划：

保持贞洁的方法不是直接与无法自制的想法做斗争，而是通过一些工作、阅读或思考其他事情来转移注意力……

不过，不想要的念头还是来了。无休止的推理扰乱了他的感官。

……身体也失去了应有的性情，而由于缺乏睡眠，幻想层出不穷，并且精神逐渐趋于错乱，以至于斋戒最多的僧侣们也会陷入眼前出现女人及其身姿的状态……[19]

尽管牛顿深居简出，但有关其精神状态的谣言开始传播到几年前还无人知晓他的名字的地方：据说大火烧毁了他的论文，他正处于狂躁、忧郁或染病的状态，他的朋友们对他敬而远之，[20]他已经丧失了所有的哲学思考能力。

只有佩皮斯和洛克知道真相。他们收到了言辞充满诘问、妄想和之后令人怜悯的信函。牛顿先是给佩皮斯写了信：

……因为我对自己所处的困境感到极为不安，而且我在这十二个月里既吃不香、睡不好，也没有了以前那种思维的连贯性。我从未想过要利用您的关心或詹姆斯国王的青睐得到任何东西，但我现在感到，我必须从我们的交往中抽身，而且不再见您或其他朋友……

然后给洛克写了信：

先生，

我认为是您竭力让我卷入了与女人的纠葛并以其他方

式让我深受其害，所以当有人告诉我您生病了且可能不久于人世时，我回答说您死了最好……我也请您原谅我说过或想过您指派人卖给我一个职位或让我卷入纷争。

您最谦卑和

最不幸的仆人

艾·牛顿[21]

性与野心，全都牵涉其中。疯狂与天才也是。在眼下牛顿声名远播的情形下，这些无法估量的特质相互助长。佩皮斯散布了充满所指的暗示性言辞。他在给一个朋友的信中说自己很担心："我起初本不愿贸然告诉您，以免让人觉得那是因为我在所有人中是最不该畏惧于他和为他哀叹的——我的意思是头脑的混乱，或精神的混乱，或两者皆有。"[22]

但到了秋天，牛顿又重新投入数学研究中。他正在把古代几何分析系统化：尤其是不规则曲线的求积和构造。他依然认为这项工作是重新发现和重建。毕竟，没有人全面探究过古人的这些秘密。遗失的手稿仍会出现在落满尘埃的收藏中。这些古老的真理中蕴藏着如此伟大和纯洁，像琥珀一样在阿拉伯语言中历经千年岁月，仍可爆发出生命之力。牛顿写道："比起现代人的代数，古人的分析更简单、更巧妙，且更适合于几何学家。"[23] 再一次，牛顿自己的研究即便是最具创新性的，也仅仅是为他自己一个人的研究。除了少数几篇外，他的论文都遗留在了其私人著述的"涤罪所"中。

在牛津大学，热情的学生们（但人数很少）已经可以听到关于牛顿系统的天文学讲座。[24] 但剑桥大学的情形并非如此。一位研究员后来回忆说："我们这些剑桥的可怜人，当时正毫无颜面地研究笛卡儿虚构的假说。"[25]

在欧洲大陆，牛顿的思想鼓舞着哲学家们疯狂地重新制定自己的理论。惠更斯简要地记述道："涡旋被牛顿摧毁了。在各自位置上做球形运动的涡旋。"[26] 牛顿与德国数学家、外交家戈特弗里德·莱布尼茨就重力机制进行了辩论，后者正急于出版他自己的行星动力学著作。莱布尼茨写道："我注意到您赞同真空和原子的理论。我不明白您有何必要非得回到这些特殊实体上。"[27] 牛顿的非机械重力说使他感到震惊。莱布尼茨写道："推理的基本原则是，'凡事皆有因'。有的人认为重力指物体朝向地球主体的吸引，或是它们因为某种相投而朝向地球主体的诱惑……他是在承认，石块朝地球下落这一事实的背后没有原因。"[28] 莱布尼兹又花了一年才鼓起勇气与牛顿本人对话。他在一张纸上以庄重的口吻写下称呼语——"杰出的艾萨克·牛顿"（illustri viro ISAACO NEUTONO）。[29]

　　莱布尼茨在开头写道："我对您深表谢意……"他提到自己也一直在尝试通过一种新的数学分析来拓展几何学，"对于展现差与和的合适符号的运用……且这一尝试进展得不错。但最后的完善还需您的关键提点"。莱布尼茨承认，他一直在四处搜寻牛顿的著作。他在一本英文书的目录中偶然看到过牛顿的名字，但此牛顿非彼牛顿。

　　除了数学，牛顿还回到了《原理》中最令人费解的未解问题上——一套关于月球运动的完整理论。这不仅仅是学术上的操练；有了能够预测月球在空中位置的精确方法，水手就最终应该能够用手中的星盘计算出他们在海上的经度。月球理论应该能从牛顿的引力理论中得出：月球的椭圆轨道以倾斜角度掠过地球自身轨道的平面；太阳的吸引力使月球的轨道产生变形，远地点和近地点的旋转周期大致为九年。但是，太阳引力本身会随着地球和月球接近和退离太阳的不规则舞步而变化。牛顿心中惦念着《原理》修订版，这就需要

更多的数据，而且意味着需要向皇家天文学家求助。1694年
夏末，牛顿乘上一条小船，沿泰晤士河而下，并首次拜访了
在格林尼治的弗拉姆斯蒂德。他从弗拉姆斯蒂德那里打探到
五十个不那么准确的月球观测数据，并要求获得另外一百个
观测数据。弗拉姆斯蒂德不太情愿，并要求对数据保密，因
为他认为这些记录是他的私人财产。很快，牛顿要求获得更
多数据——朔望、方照、八分相，由弗拉姆斯蒂德通过便士
邮政寄送给一名每周往返于伦敦和剑桥的运货人。弗拉姆斯
蒂德坚持要让牛顿签收据。牛顿跟弗拉姆斯蒂德百般说好
话，然后向他施压。牛顿保证说，公布这些数据会让弗拉姆
斯蒂德出名："您会迅速被公认为迄今为止世界上天文观测最
精确的人。"但是，如果没有理论赋予数据意义，这些数据
就会毫无价值："如果您在没有理论支持的情况下公布这些数
据……它们只会被扔进以前的天文学家的故纸堆中。"[30] 的
确，这两个人相互需要——牛顿迫切希望获得那些在英格兰
没有其他人可以提供的数据，弗拉姆斯蒂德急切渴望获得一
切感谢或尊重的表示。（他在那年冬天写道："对我来说，牛
顿先生的认可远比所有人的忽视都更重要。"）但没过多久，
两人就开始彼此憎恶。

牛顿同时进行着两场缠斗：和弗拉姆斯蒂德的缠斗，以

及和一个动力学扰动难题的缠斗。在天文学家弗拉姆斯蒂德抱怨头痛时，牛顿建议他用袜带把头绑住。[31] 最终，牛顿得知弗拉姆斯蒂德让外人知道了自己正在进行的研究，并痛斥他说：

> 我很担心一些可能永远都不适合公之于众的东西出现在公众视野中，世人会因此对他们或许永远都不想了解的东西怀有期望。我不喜欢动辄见诸报章，更不喜欢在数学问题上被外国人催讨和戏弄，或被我国民众认为这是在浪费时间……[32]

弗拉姆斯蒂德大吐苦水，抱怨说："牛顿先生在剑桥为了薪资攻读数学的时候算是不务正业吗？"他然后又说道："有些人自视过高，以至于无法承认自己蒙受了那些用自以为豪的成就为他们添砖加瓦之人的恩德。"[33] 弗拉姆斯蒂德对告知牛顿有关他的死讯的流言这件事感到几分欢喜："我有责任明确地告知您的朋友，您健康无恙，因为他们又听说您过世了。"结果，弗拉姆斯蒂德在余生中成了牛顿无情报复的受害者。

但牛顿对世人过高期望的担心是真切的。他费尽心力想要解决大气折射导致的数据失真问题。三个不同物体间引力的相互作用并没有给出现成的答案。

牛顿最终确实得出了一个用来计算月球运动的实用公式：一个混合了 1702 年首次出现的方程和测量的序列，它占去了大卫·格雷戈里的拉丁文巨著《物理学和天文学的几何原理》（*Astronomiæ Elementa*）五页的篇幅。格雷戈里称之为牛顿的"理论"，但牛顿最终对引力只字不提，而是将他的整体构想匿藏在大量的细节之中。（他在开篇写道："格林尼治皇家天文台位于巴黎子午线以西 2°19′，乌兰尼堡以西 12°51′30″，格但斯克以西 18°48′。"）哈雷迅速把牛顿的原文重印成英文小册，并说："我认为这对我们的国家会有所贡献……因为格雷戈里博士的《物理学和天文学的几何原理》是一本宏大而稀有的著作，所以它不是每个人都能用钱买到的。"哈雷热情赞扬了这一理论的精确性，并希望能够鼓励人们去使用它，但"艾萨克·牛顿先生著名的月球理论"鲜为人知，并很快就被遗忘了。[34]

牛顿在 1696 年彻底放弃了他在剑桥的隐居生活。他心中暗藏的为王室效力的雄心终于得以实现。三一学院曾是他三十五年间的家，但他说走就走，也没有留下任何故友。[35]正像他对弗拉姆斯蒂德强调的那样，他此时正忙于国王委派的事务。他成了掌管国币的人。

注释

1　《解释自然和人的王国的箴言》（"Aphorisms Concerning the Interpretation of Nature and the Kingdom of Man"），弗朗西斯·培根，《新工具》，第 43 页。

2　"这位无与伦比的作者最终被劝服公开露面，他在这本著作中给出了头脑之力可及范围之内最令人瞩目的实例……"《哲学汇刊》，186: 291。

3　哈雷致国王詹姆斯二世的信，1687 年 7 月，《通信集二》，信函 310。这本《原理》没有被保存下来，因而我们无从知道詹姆斯二世对它的处置。

4　埃德蒙·哈雷，《真正的潮汐理论，摘自艾萨克·牛顿先生令人钦佩的论著〈自然哲学的数学原理〉》（"The true Theory of the Tides, extracted from that admired Treatise of Mr. Isaac Newton, Intituled, Philosophiæ Naturalis Principia Mathematica"），《哲学汇刊》，226: 445, 447。

5　无标题的草稿，《通信集二》，信函 301。

6　牛顿致约翰·考威尔的信，1689 年 2 月 21 日，《通信集三》，信函 328。

7　戈弗雷·克内勒，1689 年。参见卷首插图。

8　牛顿致一位朋友的信，1690 年 11 月 14 日，《通信集三》，信函 358。"是的，那些阿里乌教信徒的确是一些不名誉的人，他们可以不动声色狡猾地欺瞒整个世界。"

9　佩皮斯致牛顿的信，1693 年 11 月 22 日，《通信集三》，信函 431。佩皮斯比大多数人都对算数问题更感兴趣，他 29 岁时在一位船员的帮助下学会了乘法。基思·托马斯，《近代英格兰算术》，第 111-112 页。

10　牛顿致洛克的信（草稿），1691 年 12 月《通信集三》，信函 377。

11　丹尼尔·笛福，《瘟疫年纪事》（A Journal of the Plague Year），第 1 页。

12　亚德里安·约翰斯，《书的本性：印刷与知识的创造过程》（The Nature of the Book: Print and Knowledge in the Making），第 536-537 页。

13　《环球历史图书志》（Bibliothèque Universelle et Historique，1688 年 3 月，可能是洛克本人写的）、《博学学报》（Acta Eruditorum，1688 年 6 月）和《学者杂志》（Journal des Sçavans，1688 年 8 月）。

14　Keynes MS 130.5，理查德·S. 韦斯特福尔，《永不止息》引述，第 473 页。

15　牛顿致本特利的信，1693 年 2 月 25 日，《通信集三》，信函 406。

16　总释草稿（第四部分，8 号，MS C），参见 A. 鲁泼特·霍尔和玛丽·博厄斯·霍尔的《未发表的科学论文》，第 90 页。

17 牛顿致本特利的信，1692 年 12 月 10 日，《通信集三》，信函 398。

18 《通信集三》，信函 395。

19 《关于宗教背教的兴起》（"The Rise of the Apostasy in Point of Religion"），Yehuda MS 18，犹太国家与大学图书馆，耶路撒冷。

20 关于牛顿崩溃的细节将永远是引发争论与猜测的导火索。至于大火烧毁论文之说，大多数人认为牛顿在 17 世纪 70 年代末的一场火灾中遗失了一些论文；韦斯特福尔甚至认为："可能……发生过一场火灾——在我看来是另一场火灾——让当时已经处于极度紧张状态的他心烦意乱。17 世纪 90 年代烧焦的论文得以保存下来，但已很难对它们进行处置……"《永不止息》，第 538 页。另一种流传甚广的说法里提到了一条名叫"钻石"的狗和一支蜡烛〔参见《巴雷特的名言锦句》（*Bartlett's Familiar Quotations*）〕，这肯定是编造的。至于非自愿的羁留：没这回事。至于汞中毒：牛顿确实具有失眠和明显的妄想等症状，但他没有其他症状，而且有的症状都是暂时性的；现代人对其头发的检测确实显示出其中含有致毒剂量的汞，但人们无法测定头发的年代。另一些争论参见 P. E. 斯帕戈和 C. A. 庞茨的《牛顿的智力错乱：新证据老问题》、L. W. 约翰逊和 M. L. 沃尔巴特的《汞中毒：艾萨克·牛顿身体与精神疾病的可能原因》、罗伯特·威廉·迪奇伯恩的《牛顿 1692 年至 1693 年的疾病》，以及克罗文的《牛顿的精神失常》（*Newton's Madness*）。

怀特赛德总结了学术界对这些事情的态度："在过去的一个半世纪中，学者们从自己的立场出发，不断地争论可能造成牛顿不可否认的崩溃的原因和长期的后遗症……如果基于那些不过是模糊不清的管中窥豹一般的现存记载而试图得出任何定论，那只能是愚蠢的做法。"《艾萨克·牛顿的数学研究》，VII: xviii。

21 牛顿致佩皮斯的信，1693 年 9 月 13 日，以及牛顿致洛克的信，1693 年 9 月 16 日；《通信集三》，信函 420 和信函 421。

22 佩皮斯致米灵顿的信，1693 年 9 月 26 日，《通信集三》，信函 422。

23 德瑞克·托马斯·怀特赛德，《艾萨克·牛顿的数学研究》引述，VII: 198。

24 大卫·格雷戈里是新任的天文学教授，也是最早改信《原理》的人。《大卫·格雷戈里牛津就职演讲》（"David Gregory's Inaugural Lecture at Oxford"），《皇家学会笔记和记录》（*Notes and Records of the Royal Society*）25（1970 年）：第 143-178 页。

25 威廉·惠斯顿，《威廉·惠斯顿先生的生平及著作回忆录》（*Memoirs of*

　　　the Life and Writings of Mr. William Whiston），第 32 页。

26　《惠更斯著作集》，XXI: 437，理查德·S. 韦斯特福尔，《牛顿物理学中
　　的力》（*Force in Newton's Physics*）引述，第 184 页，并参见亨利·格拉
　　克，《牛顿在欧洲大陆》，第 49 页。

27　亨利·格拉克，《牛顿在欧洲大陆》，第 52 页。

28　未发表的草稿，A. 鲁泼特·霍尔，《哲学家的论战》（*Philosophers at
　　War*）引述，第 153 页。

29　莱布尼茨致牛顿的信，1693 年 3 月 7 日，《通信集三》，信函 407。这是
　　两人自十六年前简短通信以来的首次联络。

30　大卫·格雷戈里的备忘录，《通信集四》，信函 468，以及弗拉姆斯蒂德
　　的回忆，《通信集四》，信函 8 n.；牛顿致弗拉姆斯蒂德的信，1694 年 1
　　月 7 日，《通信集四》，信函 473。

31　牛顿致弗拉姆斯蒂德的信，1695 年 7 月 20 日，《通信集四》，信函 524。

32　牛顿致弗拉姆斯蒂德的信，1699 年 1 月 6 日，《通信集四》，信函 601。

33　弗拉姆斯蒂德在给牛顿的信中写道："我有时会告诉一些聪慧之人，完善
　　这一理论需要更多的时间和观测，但我发现这种做法被看作'我所憎恶
　　的'小小恶言……我寻思那些'暗示'应该出自您的笔下，就好像您认
　　为我所做的事情'微不足道'。"1699 年 1 月 10 日，《通信集四》，信函
　　604。

34　尼古拉·科勒斯特姆的计算机辅助分析，《牛顿被人遗忘的月球理论》
　　（*Newton's Forgotten Lunar Theory*）对此做出了权威论述。科勒斯特姆和
　　哈雷一样，也认为这一方法的精准度足以赢得国会在 1714 年设立的 1 万
　　英镑奖金。

35　理查德·S. 韦斯特福尔，《永不止息》，第 550 页。剑桥大学保留了他的
　　教授职位和薪水，但他很少返回剑桥，而且"据我们所知，他从未给在
　　剑桥期间结识的熟人回过信"。

N E W T O N
I S A A C

第十四章

没有人能够在其主持之
案件中作证

ISAAC
NEWTON

在 17 世纪结束时，艾萨克·牛顿已出版的著作不过是印量百来本的《原理》，大部分在英格兰，少量散布在欧洲大陆。读过这些著作的人并不多，但正是这种稀缺使得它们价值非凡。在第二版问世（1713 年，第一版问世后二十六年）前，一本《原理》的价格是两基尼。至少有一名学生攒下钱并手抄了一本。[1] 牛顿初现的传奇只在一小群人中口耳相传。当一个深奥的几何问题的匿名解答传到荷兰时，约翰·伯努利宣称他认出了作者——"我从这只利爪认出了那头狮子"（ex ungue leonem）。[2] 在柏林，莱布尼茨告诉普鲁士王后，数学的历史的前半部分可追溯至创世之初，而后半部分就是牛顿；牛顿那一半是最好的部分。[3] 1698 年前往英格兰游历的俄国沙皇彼得渴望见识该国的几样非凡之物：造船术、格林尼治天文台、铸币厂和艾萨克·牛顿。[4]

皇家学会日渐势衰，财政状况堪忧，会员人数减少。胡克依然身居主导地位。即便住在伦敦，牛顿大多数时间也与皇家学会保持着距离。但是，数学思考正当时——各种计算渗透到政治生活中——并让牛顿成为最广为人知的数学家。水手、建筑师和赌徒都被认为以数学方法为仰赖。数学成为撑起"世界学院"——英格兰的荣耀与名誉的支柱。[5] 约翰·阿布斯诺特出版了《论数学学习的实用性》（*Essay on the Usefulness of Mathematical Learning*），他指出，数学学习似乎需要"特殊的才能和灵活的头脑……鲜有人能够幸运地兼而有之"。无与伦比的牛顿先生如今发现了"整个系统的伟大秘密"。他明确地告诉读者，世界是由"数字、重量和量度"构成的——这与《所罗门的智慧》和另一本新书《政治算术》的作者威廉·配第的观点相呼应。[6] 配第建议将数字应用于国家和贸易事务。"经济"这个词当时几乎还不存在，但配第和与他志同道合的学者都在计算以前从未被计算过的东西：人口、预期寿命、船舶吨位和国民收入。政治算术在科技时代带来了奇迹：

　　一个人用磨碎机磨谷物，磨出的分量可能相当于 20 个人用石碾磨出的分量；一个印刷工印制的数量可能相当于 100 个人用手抄写的数量；一匹马用车拉的货物可能是驮背的 5 倍，用船或在冰面上运输的量则可多达 20 倍。[7]

一项决定性的技术，也是标准化量度最古老的例子，就是货币。据配第计算，"整个英格兰拥有的现金"约为六百万英镑，在大约六百万人口中流通，而经过复杂的计算，他告诉人们"这些钱足以推动国家贸易"。

但是到了 17 世纪末，英格兰的货币遭遇危机。银便士在一千年间一直是英格兰货币的基本单位，在五百年间是英格兰唯一的货币单位。眼下，金币加入了以银币为基础的硬币家族：格罗特、先令、法寻、克朗、基尼。那种全新的货币——基尼，本来应该值 20 先令，但其价值却像银价一样波动不定。伪造的英格兰硬币不计其数，重量和价值缩水者更多：经过数十年的使用而被磨损，或是被职业剪刀手故意剪去边角，然后用积攒的碎料制成银条。因此，在三十多年间，由马和人驱动的新机器（其构造被视为国家机密[8]）在银币边缘轧上了锯齿状花纹，以防剪刀手偷锉。混合的货币流通就此出现。没有人愿意使用新硬币；大部分新硬币被储藏了起来，或更糟的是，被熔化后出口到法国。"遍及国王的整个王国，只应流通一种硬币，没有人应予以反对，"埃德加国王在 10 世纪实施中央集权的英格兰货币制度时曾说，"应采用同一种测量体系、同一种重量标准，就像在伦敦看到的那样。"此种情形不再。进入 17 世纪 90 年代，就在伦敦塔西墙内的铸币厂熔炼房和轧制房几乎陷入沉寂。大部分流通硬币是面目模糊、贬值、不被信任，且比使用者还老的锤制银币。

国王需要显赫公民的指导意见，洛克、雷恩和牛顿均在其列。雷恩提出采用十进制体系，但他的建议遭到无视。英格兰新任财政大臣查尔斯·蒙塔古制定了一个激进的计划：重铸所有的硬币——旧的硬币全部退出流通。蒙塔古是在剑桥认识的牛顿，在他的支持下，牛顿在 1696 年 4 月被国王任命为铸币厂总监，当时正逢重铸计划启动。牛顿监管的是一项迫在眉睫的工业计划，炭火夜以继日地燃烧，成队的马匹和工人挤在一起，卫戍士兵站立守卫。那是伦敦塔和伦敦城的一个喧嚣时期：重铸限制了日常交易必不可少的货币供应，并影响了国家财富从穷人手中向富人手中的转移，而这并非偶然。

作为铸币厂总监并在 1700 年升任厂长的牛顿富裕了起来。(在任职的头几个月，他就向财政部抱怨薪酬太低，[9]但升任厂长之后，他不仅可以每年领取 500 英镑的薪水，而且还可以拿到每磅轧制硬币百分之一的抽成，每笔累积起来绝不是小数目。）他在杰明街找了一处房子，购入色调以绯红色为主的奢华家具，[10] 雇了用人，并邀请他 21 岁的外甥女凯瑟琳·巴顿——他同母异父的妹妹的女儿，前来与他同住并帮忙照看房子。凯瑟琳因美貌和魅力在伦敦的上流社会声名鹊起。乔纳森·斯威夫特是常来拜访她的仰慕者。在不到五年里，她成了牛顿的支持者——蒙塔古的情人，蒙塔古当时已成为哈利法克斯伯爵。[11]

按照传统，铸币厂的职位收入颇丰。蒙塔古曾向牛顿许诺："每年能有五六百镑，而且不会有太多的事情需要你抽空前来。"[12] 牛顿并不介意把自己的教授职位当作领干俸——他不在剑桥，但领取剑桥的薪水，但他一直勤勉甚至残暴地经营着铸币厂，直到去世。毕竟，他一手掌管着熔炼、检验和冶金，以炼金术士梦寐以求的规模生产金银。他与未成形的货币理论和国际贸易问题角力。[13] 必要的算术没有任何高不可攀之处，但很少有人能够在计算的错综复杂中坚持不懈：

检验官的砝码是 1、2、3、6、11、12……砝码 12 可由他定为 16 或 20 格令……他的天平刻度以 1/128 格令为单位，也就是砝码 12 的重量的 1/2560，相当于比 1 便士的 1/10 略轻……熔炼工在锅中熔炼出 600 或 700 磅至 800 磅直至后期近 1000 磅的白银，每天熔三锅……4 个磨工、12 匹马、2 个马倌、3 个切工、2 个锤工、8 个筛分工、1 个退火工、3 个漂白工、2 个标记工、2 台锻压机和 14 个锻压工……[14]

在追捕硬币剪刀手和伪造者这件事上，牛顿激发了他作为清教徒而长期蕴藏在心中的愤怒与正直。铸造假币是一项重罪，是叛国罪。比如简·豪斯登和玛丽·皮特曼，因铸币工具被缴获并试图将一包假币扔进泰晤士河脱罪而被判刑（但后来被赦免）。[15]牛顿常常反对这种宽恕行为。伪造假币很难被证明。他自己就曾担任过治安官，并亲自监督起诉，直到把犯人送上绞刑架。威廉·查洛纳不仅私自铸造基尼，而且还试图诬告铸币厂自行制造假币来掩盖罪行。手握一张警员和囚徒线人情报网的牛顿让查洛纳的绞刑板上钉钉。他对罪犯最后的请求未予理睬：

必得有人丢失一些东西才能证明小偷的存在，有人被劫才能证明拦路抢匪的存在……请让我免于被谋杀，噢，亲爱的先生，发发慈悲吧。噢，对您的冒犯让我自食其

果……噢，上帝，我的上帝，如果您不向我招手，我就将被谋杀。噢，我希望上帝能以慈悲和怜悯让您回心转意……[16]

牛顿不认为蓄意使用假币是一种无害的罪行，他对这种行为很上心。为此，国王要求铸币厂厂长对铸币的重量和纯度负责，否则将处以重罚。牛顿还不时接受硬币年度检查（Trial of the Pyx），这是以官方硬币检验箱"pyx"命名的，这个箱子上了三把锁，需要三把钥匙才能开启。牛顿在一份起草并修改了八次的备忘录上记录道，金匠公司（Goldsmiths' Company）的评审团会"通过火、水、触摸、称重或其中任何一项"来检验选定的硬币。[17] 然后，在庄严的仪式上，评审团会把检验结果交给国王的顾问委员会。牛顿自己进行检验，以便为这些官方检验做足准备。这些检验表明，牛顿把英格兰硬币的标准化程度提升到了新的精准度。1702 年，为庆祝安妮女王加冕，牛顿制造了金、银纪念币，并为此两次给财政部寄去账单，数目精确到 2485 镑 18 先令 3.5 便士。[18] 三年后，女王陛下授予牛顿骑士爵位。

莱布尼茨经他人之手给牛顿带来了麻烦的预兆："致牛

顿先生，拥有伟大头脑之人，献上我最诚挚的问候。""又及，我不但认为最艰深的牛顿流数术类似于我的微分法，我也是这么说的……而且我还告诉了其他人。"[19] 负责转交信件的年长数学家约翰·沃利斯恳求牛顿把他隐藏多年的宝贵研究中的一部分公之于众。牛顿此时被看成知识储藏馆的馆长，这个储藏馆的规模无人知晓。沃利斯对牛顿说，关于光和颜色的假说，他欠公众一个解释。沃利斯知道牛顿对这些假说一压就是三十多年，一同压下的甚至还有一篇完整的光学论文。沃利斯据理力争道："您说您还不敢发表它，可为什么不呢？如果不是现在，那要等到什么时候呢？您还说是为了避免我给您带来麻烦。现在的麻烦还能多过其他时候吗？……同时，您失去了它能给您带来的声誉，我们则失去了从中获益的机会。"

这么多年，牛顿一直在等胡克退出后再重返皇家学会。胡克于 1703 年 3 月去世，牛顿在几个月后当选为主席。前任主席通常都是知名的政治人物。牛顿此时手握大权，并八面威风地行使起来。他很快任命了自己的实验主管。作为主席，他几乎出席了皇家学会所有的会议；他以主席身份几乎对所有的学会文章发表了评论。[20] 他坚持要控制理事会成员的选拔。他拿出自己的一部分收入来支撑学会薄弱的财政。他强行制定了一条会规，规定只有在他主持会议时才能展示皇家权杖。

随着胡克的去世，牛顿终于采纳沃利斯的建议，发表了他的第二部巨著——用英文，而非拉丁文，[21] 而更重要的是，他采用了散文的形式，而非数学的形式。这一次，他不需要编辑。他已经基于三十年前自己对光和颜色之本质的研究写了三本"书"："反射与折射的几何学""镜片如何形成图像"和"眼睛与望远镜的工作原理"。除此之外，还有关于白的成因、棱镜、彩虹的研究。他还以"问题"的形式增加了更多的内容：对热的疑问、对以太的疑问、隐秘性质、超距作用、惯性。为慎重起见，他还添加了两篇数学论文，这是他首次发表此类论文。他把这本书命名为《光学》，或《光的反射、折射、弯曲与颜色的论述》。他把这本书连同一篇"公告"一起赠送给了皇家学会，他在"公告"中解释了他为什么自 1675 年以来一直压着这本书不发，原因是"避免卷入纷争"。[22]

不仅仅胡克去世了，而且世界也改变了。牛顿将理论与数学实验融为一体的风格已经为哲学家们所熟悉，他们很容易就接受了那些曾经在 17 世纪 70 年代招来质疑和鄙夷的命题。牛顿在《光学》中生动地描述了自己的实验，并透露了比《原理》中多得多的工作方式（至少是值得称道的工作方式）。牛顿像跨越台阶一样地描述了一个个光学奇迹：从折射的三角学到眼镜和镜子的使用、从透明薄片到气泡、从彩虹的成分到水晶的折射。很多可以获取的数据都是未经处理和不准确的，但牛顿没有放过任何一样：摩擦、热、腐败、物体燃烧和其构成部分振动时光的发射。他思考了这种被称为"电"的神秘属性——一种蒸气或流体，抑或生命力，似乎是由玻璃或布的激发所产生的，就像他在 1675 年做的纸屑实验所展现的那样。

但光究竟是波动还是微粒呢？牛顿依然以假说的方式相信光是一股物质微粒，但他也探究了类波动现象："光有时不是像鳗鱼一样运动吗？"随着胡克的去世，牛顿也埋葬了以太作为介质可能会像石块激起池塘水波一样随光波振动的假说。这种以太会干扰行星的永恒运动，否则这一运动早就得到完美证明了。

牛顿潜心研究他的微粒论：光是"从发光物体传播出来的微小物体"。[23] 但他似乎走错了方向：在随后的两个世纪中，追随波动说的研究者茁壮成长起来，他们在能量的基本观点中选择了光滑性而非粒子性。对颜色的数学处理取决于波长和频率。直到爱因斯坦提出了光量子理论。但牛顿对证实光是波的贡献比其他任何实验者都要大。他以百分之一英寸的精准度研究了薄片上的色环。[24] 他发现无法将其理解为某种周期性形式（振荡或振动）以外的其他任何东西。衍射也表现出明显的周期性迹象。他既不能用自己的微粒论来解释这些迹象，也无法从记录中删除它们。他弄不明白微粒怎么可能是波动，或包含波状起伏。他采用了一个奇怪的用词："猝发"（fits），比如"易反射猝发"和"易折射猝发"。"或许在首次从发光物体反射出来时它就处于这样的猝发之中，并在它的整个行进过程中都持续处于其中。因为这些猝发具有持久的性质。"[25]

《光学》的内容延伸到宇宙学和形而上学——牛顿在新版中扩充了更多的内容。他这时可谓一言九鼎了。他站在讲坛上发表宣言。他一再重复那些箴言：自然是一致的，自然是简单的，自然是与自身相协调的。[26] 复杂性可以归纳为秩序，定律可以被发现。空间是无限的虚空。物质是由原子构成的——坚硬而无法被穿透。这些微粒因未知的力而相互吸引："找出这些力是实验哲学要做的事。"[27] 他派给后继者和追随者一项使命，就是去完善自然哲学。他给他们留下了进一步研究的任务，"用分析法探究困难的事物"。[28] 他们只需追随迹象和方法。

身为皇家学会主席的牛顿雇用了两名新的实验主管。[29] 有时，牛顿会让他们演示或拓展《原理》的主题，比如，从教堂塔楼上放下铅锤和充气的猪膀胱，但他更常激励他们去做光、热和化学方面的实验。其中一组实验探索了电流体，比如用布摩擦玻璃管使其发光，并用羽毛测试玻璃管的吸引力。一些精气似乎穿透玻璃、移动微小的物体并发出光——但它们是什么呢？在修改《光学》时，牛顿草拟了新的"问题"，比如，"一切物体因此而充满非常细微但又活跃而有力的电精气，光由其发射、折射和反射，电的吸引和遁走就此产生，难道不是这样吗"？[30] 这些问题都被他压下未表。即便如此，后一个世纪的电研究似乎仍可追溯至《光学》。

牛顿写道："我只是对尚待发现的事物开始做出分析，提及了与之有关的几件事情，并把这些提示交由追根究底的进一步实验和观察来加以研究和改进。"[31] 有效的原理（炼金术无法解释的部分）有待发现：引力、发酵、生命本身的原因。只有这类有效的原理才能解释运动的持续和多变、太阳的持续发热和地球的内在部分。只有这样的原理才能成为我们面对死亡的后盾，他写道：

> 如果没有这些原理，地球、行星、彗星、太阳和它们中的一切事物就都将变冷、结冰，并成为不再活动的质量，而所有的腐败、生发、植物和生命都将终止。[32]

《光学》的内容在欧洲渐渐传播开来，之后随着1706年拉丁文版的问世传播得更快了一些。[33] 年迈的神学家和笛卡儿的信徒，尼古拉·马勒伯朗士神父，对《光学》评论说："尽管牛顿先生不是物理学家，但他的书很有趣……"[34] 从未有机会对牛顿的数学提出过异议的竞争对手们在他的形而上学中找到了新的机会。牛顿曾把无限空间说成上帝的"感官"（sensorium），他的这个说法意在统一无所不在和无所不知。无所不在的上帝即刻并完美地知晓一切。但"感官"这个难解的词语意味着为神圣的感觉赋予了一种身体器官，这让他在神学上容易受到攻击，莱布尼茨告诉伯努利："我仔细琢磨了这个词，然后嘲笑了这种想法。"牛顿的这些显赫的仰慕者此时变成了他的敌人。"就像创造万物的上帝应该需要一个感官。这个人对形而上学没什么研究。"[35] 而且莱布尼茨再次表示憎恶牛顿的真空。空虚广袤的宇宙——无法接受；行星在这种空虚之中相互吸引——无稽之谈。他反对牛顿把绝对空间的概念作为分析运动的参照框架，并对引力的观点嗤之以鼻。一个物体在没有任何东西的推动或拉动下绕另一物体弯曲是不可能的，甚至是"超自然的"。"我认为，如果没有奇迹，这就不可能做到。"[36]

彼时，莱布尼茨和牛顿的争执已经公开化。比牛顿小四岁的莱布尼茨见识很广——他是一个驼着背、做事不知疲倦的人，是律师和外交官，游遍世界，担任汉诺威宫廷的朝臣。两人在 17 世纪 70 年代后期曾有过最初的信函来往（刺探和谨慎的口吻）。在数学领域，不公开研究成果就很难主张对它的所有权。在一封由奥尔登堡转交给莱布尼茨的长信中，牛顿声称掌握了一种用来解决切线问题之逆问题的"两步法"和"其他更难者"，并将这些方法隐藏在密码中：

目前，我认为适宜用转置的字母来记录它们……
5accdæ10effh11i4l3m9n6oqqr8s11t9v3x：
11ab3cdd10eæg10illrm7n603p3q6r5s11t8vx, 3acæ4egh
5i414m5n8oq4r3s6t4vaaddæeeeeeiijmmnnooprrssssttuu。[37]

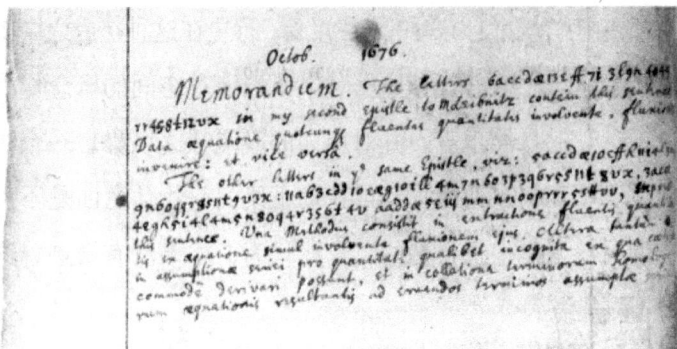

解开密码的钥匙

与莱布尼茨的通信：密码的解法。

　　牛顿把密码的解法保存在一本标有日期的私人"备忘录"中。尽管这一解法无法被人看懂，但牛顿还是向莱布尼茨展示了强大的方法：二项式定律、无穷级数的使用、切线的绘制，还有极大值和极小值的求解。

　　莱布尼茨则在 1684 年和 1686 年在新创办的德国报纸《博学学报》上发表相关的数学论文《对有理量和无理量都适用的，求极大值和极小值以及切线的新方法，一种值得注意的演算》（"A New Method for Maxima and Minima, and Also for Tangents, Which Stops at Neither Fractions nor Irrational Quantities, and a Singular Type of Calculus for

These"）时选择了不承认牛顿的这些方法。他提供了计算导数和积分的规则，并提供了创新性的符号：dx、f(x)、∫x。这是一种注重实效的数学，一种没有证明的数学，一种用于解决"最难、最美问题"的算法。[38] 带着"微积分"这个新名字，这篇论文渐渐传到英格兰，恰在其经典几何风格掩盖了新式分析工具的《原理》传遍整个欧洲大陆之前。

十年过去了，牛顿随《光学》一起发表那两篇数学论文是带有意图的，而且这个意图非常明确。尤其是，他在《论曲线的求积》（"On the Quadrature of Curves"）中首次展现了自己的流数术。实际上，尽管表示法完全不同，但这就是莱布尼茨的微积分。在莱布尼茨使用连续差分的地方，牛顿谈到的是随连续时间瞬时变化的流量。莱布尼茨用到的是小块——离散的小块，而牛顿用到的是连续体。对微积分的深刻理解最终需要两人之间的思想连通，也就是对两个看似不相容的符号系统进行转置和调和。

牛顿不仅宣布自己在 1666 年发现了这一方法，而且还表示他对莱布尼茨描述过自己的发现。他公开了信函、字母密码和所有相关的一切。[39] 不久，一封匿名的反击评论就出现在《博学学报》上，这封信暗示牛顿采用了莱布尼茨的方法，尽管它们叫作"流数"，而不是"莱布尼茨的差分"。这位匿名评论者就是莱布尼茨。牛顿的弟子们在《哲学汇报》上反驳说，是莱布尼茨读了牛顿对自己方法的描述，然后发表了"名称不同、使用的符号不同的相同算法"。[40] 岁月在这些进攻与招架之中逝去。但一场决斗正在酝酿。不同的派别在加入两方的阵营中时，更多的是出于对各自派别的效忠，而非出于对记录在案的往事的任何真正了解。两方都缺乏公开的记录。

两位当事人在 1711 年公开加入这场纷争中。莱布尼茨给皇家学会寄去一封愤怒的信，这封信被当众大声朗读，并被"送达主席以资考虑相关内容"。[41] 皇家学会任命了一个委员会来调查"从前的信函和文件"。[42] 牛顿提供了这些信函和文件。他与约翰·柯林斯的早期往来信件被公之于众，莱布尼茨在多年前就看过其中的一些。调查委员会发布了一份前所未有的文件：一份对数学发现过往的详细分析。这是对微积分最为清楚的说明，但说明并非重点所在；这份报告旨在谴责莱布尼茨，指责他彻头彻尾的剽窃行为。报告认为牛顿的方法不仅是（多年来的）首创，而且更优雅、更自然、更几何、更实用并更确定。[43] 它以雄辩和激情的言语为牛顿做出了澄清，这也难怪：牛顿是这份报告的秘密作者。

皇家学会迅速出版了这份报告。皇家学会还在《哲学汇报》上刊登了一篇对报告的长评——实际上是一篇抨击性文章。这篇文章也是牛顿的秘密之作。就这样，牛顿匿名审阅了自己的匿名报告，并在此过程中大谈坦率：

> 就坦率而言，他（莱布尼茨）理应告诉我们，他在找到方法之前假装找到了方法意欲何为。
>
> 就坦率而言，他理应让我们明白，他带着其他意图假装这一古法是他的发明，而不是与牛顿先生一较高下和取而代之。
>
> 在写下那些书册时，他不过是个学习者，他应当坦率地承认这一点。

牛顿义正词严地宣称："没有人能够在其主持之案件中作证。允许任何人在其主持之案件中作证的法官会相当不公，其行事会违背所有国家的法律。"[44]

牛顿写了很多关于莱布尼茨的私人文稿，常常是一而再，再而三的无情的慷慨陈词，每次仅有几词之差。优先权之争蔓延到哲学之争，欧洲人尖锐地指责他的理论诉诸奇迹和隐秘性质。什么样的推理、什么样的原因是应当被允许的呢？在捍卫自己是首创微积分之人的主张时，为了陈述他的信仰规则，牛顿提出了一个评判他的科学（任何科学）的框架。莱布尼茨遵循了不同的规则。在反驳奇迹时，这个德国人从神学角度进行了争辩。比如，他从纯理论的角度对上帝的完美和他无可挑剔的手法，以及真空和原子的不可能性进行了辩解。他指责牛顿（刺中其软肋）影射了一个不完美的上帝。

牛顿把知识与实验结合在一起。在无法以实验证明之处，他留下了明确未解的谜题。这种做法不过是适宜而为，但莱布尼茨重提旧账："就好像弃不确定性不顾而让自己满足于确定性是一种罪行一样。"

牛顿以匿名方式宣称："这两位先生在哲学上大相径庭。"

一个人教导说，哲学家应该依照从现象和实验到其原因的顺序来辩驳，然后再到原因之原因，以此类推，直到找出首因；另一个人说，首因的一切作用都是奇迹，而上帝的旨意烙于自然的定律都是永恒的奇迹和隐秘的性质，因此在哲学中不予考虑。但是，如果恒定普遍的自然定律源于上帝的力量或某个未知原因的作用，那么它是否必须被称为奇迹或隐秘性质呢？[45]

　　牛顿对真相一清二楚：他和莱布尼茨分别独立地创建了微积分。莱布尼茨对自己从牛顿那里学到的东西（片段的知识和辗转所得）并不完全坦诚，但发明的精髓是他的。首先发现微积分的人是牛顿，而且他发现得更多，但莱布尼茨做了牛顿未做之事：发表自己的发现，以为世人使用并评判。引发竞争和嫉妒的是秘而不宣。剽窃之争的逐步升温是因为知识传播中的间隔。在一个像 17 世纪的数学这样年轻而突然丰饶起来的领域中，种种发现就在那里等待着被不同的人在不同的地方一次又一次地找到。[46]

　　在当事人去世很久后，牛顿与莱布尼茨的对决仍在继续。这限制了英国数学的发展，因为正统观念对牛顿符号法的态度日渐强硬。[47]历史学家对发生之事了解得越多，事情看起来就越发不堪。没有人会反驳勒诺·费根鲍姆的简要总结："才华横溢、手握权势的成年人出卖他们的朋友，对他们的敌人无耻地撒谎，满口可憎的沙文主义的诋毁之言，并攻击彼此的品性。"[48]牛顿的愤怒，莱布尼茨的恨意——这两位先驱科学家最黑暗的情绪几乎掩盖了他们共同的成就。

　　然而，优先权之争促成了科学从个人痴迷向公共事业的转变。它令牛顿本想要继续隐藏的文稿大白于天下，并让哲学家们的兴趣集中在这些新方法上：其丰富性、可替代性和强大的功能。形式主义之间的竞争（表面看来大相径庭）令共同的潜藏核心成为焦点。

　　牛顿晚年的执念在某种程度上使得其现代性令人失望。后来的牛顿主义者们发现，牛顿的这些执念与他对炼金术和《圣经》预言的追索一样令人不安，即便不是出于完全相同的原因。就在科学像一所英格兰学院那样开始融合的时候，牛顿让自己成了它的"独裁者"。他清除了胡克在皇家学会的所有残余影响，夺取了皇家天文台的大权，并强占了天文学家弗拉姆斯蒂德的毕生成果———一份包罗万象的星辰目录。（应召来到牛顿面前的弗拉姆斯蒂德抱怨说："我的目录在我不知道的情况下被哈雷印制了，而我的工作成果被抢走了。他对此恶言相向，用各种他能想到的难听名字称呼我，比如小狗之类的。"[49]）成为 20 世纪杰出学者和牛顿数学著作看护人的 D. T. 怀特赛德也不得不做出了如下评论。

　　只有极少数人拥有天才的智识和超强的能力，能够在所处的时代和之后几个世纪的思想中留下自己的印记。监管一国的硬币铸造，逮捕假币制造者，增加已经相当可观的个人财富，成为一个政治人物，甚至对自己的科学家同仁发号施令：在你完成了《原理》之后，这一切似乎都是愚蠢而空洞的野心。

但是，这在牛顿看来却并非如此。[50] 他一直都是肩负上帝使命的人，寻求上帝的秘密，解读上帝的意图，但他从未想过将哲学家吸引到自己的身旁。他无意领导狂热的崇拜或某一学派。然而，他却聚集起一众门徒，还有敌人。莱布尼茨从未停止过以道德取胜的希望。"永别了，"他写道，"永别了，牛顿先生的真空、原子，还有他的整个哲学。"[51]

莱布尼茨于 1716 年去世，在生命中的最后几年为汉诺威公爵担任图书管理员。牛顿的死亡仍有待时日。

注释

1 理查德·S.韦斯特福尔，《永不止息》，第 699 页。

2 这个难题是求得物体在自身重力作用下以最短时间下滑到给定一点所沿的曲线，即"最速降线"（大致就是过山车最快轨道的形状）。伽利略曾认为最速降线会是一段下降速度肯定比斜直线更快的圆弧。实际上，这就是被称为摆线的曲线。

   伯努利曾在微积分发明优先权之争剑拔弩张的背景下，怀着挑战的念头向牛顿提出过这个问题。他问的是"那些得意于自己……不仅以最切近的方式洞察了一个更为神秘的几何学的隐秘之处，甚至还通过他们的黄金定理显著地拓展了其极限的数学家"〔斯科特·曼德布洛特，《狮子的爪印》（*Footprints of the Lion*）引述，第 76 页〕。牛顿在收到伯努利信函的当晚就把这个问题解决了，而对怀特赛德来说（《数学家牛顿》，参见泽夫·巴赫勒的《当代牛顿研究》，第 122 页），这一壮举恰恰证明牛顿的数学能力在老年时已大不如前："在几年前，用他的'无穷小中极大值和极小值'方法只用几分钟就能发现这是摆线，而不用因年老力衰去耗费十二个小时。"

3 理查德·S.韦斯特福尔，《永不止息》，第 721 页。

4 瓦伦丁·博斯，《牛顿与俄罗斯》（*Newton and Russia*）。

5 朱利安·霍皮特，《自由之地?》（*A Land of Liberty?*），第 186 页。

6 "你用度量、数和重量为万物赋予秩序。"《所罗门的智慧》（*Wisdom of Solomon*）11:20。

7 威廉·配第，《政治算术》。

8 牛顿在出任铸币厂总监时被要求宣誓："绝不向任何人，不管是谁，透露新发明的硬币的圆形切割法和边缘制作法。上帝作证。"《通信集四》，信函 548。

9 "……每年只有 400 镑，房子每年就要花 40 镑，而他的津贴每年只有 13 镑 12 先令……太少了……配不上这个职位的权威。"《通信集四》，信函 551。

10 关于牛顿和绯红色的问题，理查德·德·维拉米尔 1931 年（《牛顿其人》（*Newton the Man*，第 14-15 页）在分析完他的住户家具清单之后做出的描绘最为生动：

   ……绯红色马海毛的窗帘几乎处处可见。牛顿自己的床就是一张"绯红色的马海毛床"，搭配"绯红色波纹绸的床帏"……"绯红色的马海毛帷慢"……一个"绯红色的软长凳"。事实上,清单中除了绯红色之外,没有提到其他颜色。这种在被我称为"绯红色氛围"中的生活,有可能是牛顿在临终前变得颇为暴躁的原因之一。

11 牛顿的信徒们一直在为这段关系委婉地辩驳,直到 20 世纪。〔"关于(他们)这段友情的确切性质,各种不体面的猜测一直未断。"安德拉德在 1947 年写道。〕哈利法克斯伯爵在 1715 年去世时留给凯瑟琳·巴顿一笔超过 2 万英镑的遗产——"因为她出色的交谈",弗拉姆斯蒂德不怀好意地写道。有八卦称(尽管事件的顺序被弄错了),这一关系促成了牛顿在铸币厂的上任。伏尔泰对这段关系的描述最为著名:"假如没有一位漂亮的外甥女,微积分和引力会毫无用处。"《哲学通信》,第二十一封信。之后,为牛顿写过精神分析传记的作家弗兰克·曼努埃尔,也进行了言辞露骨的描述,他把凯瑟琳看作汉娜的化身:"通过他的朋友哈利法克斯伯爵和他的外甥女的交往,牛顿能否间接地想起自己的母亲?"弗兰克·E. 曼努埃尔,《艾萨克·牛顿肖像》,第 262 页。

12 蒙塔古致牛顿的信,1696 年 3 月 19 日,《通信集四》,信函 545。

13 比如,白银在中国的价值比在欧洲的高,因此产生了套汇。牛顿写道:"我们的白银必须运去中国,直到那里的黄金价格更昂贵,或是我们这里的价格更便宜。对中国的黄金贸易必然大大增加我们的硬币量,这对英国有利……"约翰·克雷格,《牛顿在铸币厂》(*Newton at the Mint*),第 43 页。

14 《关于铸币厂的观察》("Observations concerning the Mint"),《通信集四》,信函 579。

15 牛顿和艾利斯致亨利·圣约翰的信,1710 年 9 月,《通信集五》,信函 806。

16 落款:"您即将被杀害的谦卑的仆人威廉·查洛纳。"查洛纳致牛顿的信,1699 年 3 月 6 日,《通信集四》,信函 608。

17 备忘录:"关于检验金和银、制作锯齿状边缘的受检件,并在货币检验箱中进行测试。"铸币厂文件(公共档案馆,Kew),I: f. 109。《特设委员会关于起诉流通硬币伪造者及偷锉削剪者的计划》("A Scheme of a Commission for prosecuting Counterfeiters & Diminishers of the current coyn")原稿,摩根图书馆(Pierpont Morgan Library)。

18 牛顿先后在 1702 年 4 月和 12 月寄出两张账单。

19 沃利斯致牛顿的信,《通信集四》,信函 503 和信函 567。沃利斯还写道:"我该对很多您秘而不宣、我一无所知的事情说同样的话。"

20 威廉·斯塔克利,《艾萨克·牛顿爵士生平回忆录》,第 79 页。

21 两年后，也就是 1706 年，拉丁文版《光学》问世，比 1729 年的英文版《原理》早了很多。

22 《光学公告》(*Advertisement to Optics*)，第一版。

23 《光学》，问题 29，第 370 页。

24 这些色环仍被称为牛顿环。尽管牛顿不情愿承认，但正是胡克的《显微图谱》促使他去研究这一现象的。

25 《光学》，第二卷，第三部分，命题 XIII，第 280 页。参见理查德·S. 韦斯特福尔的《关于易折射猝发的不安之断想》，参见罗伯特·帕尔特的《奇迹之年》，第 88-104 页。

26 举例，《光学》，第 376 页。牛顿最伟大的形而上学推测（尤其是问题 31 的信条）在第一版中看起来还不全面，但在 1706 年的拉丁文版中开始进一步演化。

27 《光学》，第 394 页。

28 《光学》，第 404 页。

29 弗朗西斯·霍克斯比，罗伯特·玻意耳的前任助手，还有约翰·西奥菲勒斯·德札古利埃，后来因以广受欢迎的散文和诗歌描绘牛顿而成名。

30 J. L. 海尔布伦，《皇家学会的物理学》(*Physics at the Royal Society*) 引述，第 65 页。

31 《光学》，第 405 页。

32 《光学》，第 399-400 页。

33 首个法文版直到 1720 年才出现。尽管如此，直到 36 年之后，由加布丽埃勒·埃米莉·勒托内利耶·德·布勒特伊，即夏特莱侯爵夫人，伏尔泰的朋友和情人（"她是个伟人，她唯一的错误就是生为女人"）翻译的《原理》首个（也是唯一的）法文版才问世。她的名字，而不是牛顿的名字，出现在标题页上。夏特莱侯爵夫人在谈到笛卡儿的理论时说道："那是一栋正在坍塌的房子，四面危立……我认为离开那里会是明智之举。"

34 亨利·格拉克，《牛顿在欧洲大陆》，第 51 n 页。

35 "我甚至注意到一些东西，由它们可以看出，他对动力或力的定律没有深入的研究。"莱布尼茨致伯努利的信，1715 年 3 月 29 日，《通信集四》，信函 1138。牛顿非常清楚（为时已晚）"感官"带来的风险，因此在修订这段文字的时候放弃了这个说法。

36 H. G. 亚历山大，《莱布尼茨–克拉克通信集》(*Leibniz-Clarke Correspondence*)，第 30 页。霍华德·斯坦表示，如果莱布尼茨明白了自己相对论中的"不连贯性"，他就会更有能力去评价引力。《牛顿的形而上学》("Newton's Metaphysics")，参见 I. 伯纳德·科恩和乔治·E. 史密斯的《剑桥牛顿指南》，第 300 页。

37　所谓的"后信"（Epistola Posterior），牛顿致奥尔登堡的信，1676 年 10 月 24 日，《通信集二》，信函 188。参见《原理》，第 651 n 页。密码的解法在 Add MS 4004 中。

38　"……没有我们的微积分，任何人都无法如此轻松地出击。"《博学学报》，1684 年 5 月，由 D. J. 斯特罗伊克从拉丁文翻译成英文，参见约翰·福威勒和杰里米·格雷的《数学史》（*History of Mathematics*），第 434 页。

39　牛顿写给莱布尼茨的信最早出现在约翰·沃利斯 1699 年的《数学论集》（*Opera Mathematica*）的卷三中——这是故意罗列的证据。巴罗在 1669 年就把牛顿的《运用无限多项方程的分析》寄给了柯林斯，而柯林斯在返还之前复制了至少一份，并在 1676 年向莱布尼茨展示了这个副本。

40　约翰·基尔，《哲学汇报》，第 26 期（1709 年），理查德·S. 韦斯特福尔，《永不止息》引述，第 715 页。

41　《通信集五》，xxiv.

42　《名为〈通报〉的报告，柯林斯及其他，详析》（"An Account of the Book Entitled *Commercium Epistolicum, Collinii et Aliorum, de Analysi Promota*"），《哲学汇报》，第 342 期（1715 年 2 月）：221。

43　同注 42，第 205 页和第 206 页。

44　同注 42，第 216 页、第 209 页和第 208 页。

45　同注 42，第 223-224 页。

46　正如 L. J. 罗素所言："你可能随时会碰到简单的替换方法，比如在代数方程或级数求和中，这会产生一种新的通用方法……有时候，有人发现了一种解决某个特定问题的方法的迹象，就足以让你朝着正确的方向去寻找解决方法，那么你也可以解决这个问题。在这种情况下，所需要的是一个为公众所知的信息交换地。"《十七世纪的剽窃行为及莱布尼茨》（"Plagiarism in the Seventeenth Century, and Leibniz"），参见 W. J. 格林斯特里特的《牛顿传》，第 135 页。

47　莱布尼茨的符号并没有齐整地与牛顿为自用而设计的符号系统相扣，在牛顿的符号系统中，加点的字母表示流数，不同的替代形式表示流量，其结果是，整个 18 世纪的数学在英格兰和欧洲大陆分道而行。最终，在 19 世纪，莱布尼茨的微分符号与牛顿的点号相较占据了上风，甚至在英格兰也是。

48　勒诺·费根鲍姆，《欧洲数学圈的分裂》（"The Fragmentation of the European Mathematical Community"），参见 P. M. 哈曼和艾伦·E. 夏皮罗的《困难之事的调查》（*The Investigation of Difficult Things*），第 384

页。费根鲍姆哈引述了怀特赛德的话，将这场争论称为"一个长期溃烂的脓肿，（它）排出的脓水的腐坏之气在此后的十年中污染了整个欧洲世界"。《艾萨克·牛顿的数学研究》，第八卷，第 469 页。

49　弗兰西斯·贝利，《约翰·弗拉姆斯蒂德牧师的报告》(*An Account of the Revd John Flamsteed*)，第 294 页。当了四十五年皇家天文学家的弗拉姆斯蒂德在不久后去世，哈雷取代了他的位置。

50　《艾萨克·牛顿的数学研究》，第七卷：**xxix**。

51　莱布尼茨致雷蒙·德·蒙莫尔的信，1716 年 10 月 19 日，弗兰克·E. 曼努埃尔，《艾萨克·牛顿肖像》引述，第 333 页。

15

NEWTON
ISAAC

第十五章

大理石般冷静的头脑

ISAAC
NEWTON

遥远异国之地的消息很快传来。《哲学汇报》报道了发现"菲律宾群岛"和"霍屯督人"。[1] 受此启发，1726 年，舰队街的一家印刷商出版了一套由一位名叫莱缪尔·格列佛的上尉讲述的《在世界几个边远国家的旅行》（*Travels into Several Remote Nations of the World*，即《格列佛游记》），书中描绘了奇妙的民族：野胡族和布罗卜丁奈格族。格列佛最后游至巫师岛格勒大锥，他在那里听闻了古今历史的比较。[2] 亚里士多德登场，他有着柔软的长发和瘦削的脸庞，他承认了自己的错误，并指出笛卡儿的涡动学说很快"会被推翻"，并提出了一些认识论相对主义的观点：

他预言引力论也会遭遇同样的命运，虽然目前的学者对之大力拥护。他说，关于自然的新理论体系也不过是新的风尚而已，它们会随时代不同而变化；即使是那些声称能以数学原理证明这些体系的人，也将是昙花一现，一旦有了定论就会过时。

亚里士多德的魂魄可能会这么想。人类的宇宙论从未如此之快地来了又去，新的学说几乎一直在席卷旧的学说。乔纳森·斯威夫特没有理由知道牛顿的学说会是永世长存的那一个。

伏尔泰讥诮地说，这几乎无关紧要。识字的人寥寥无几，其中阅读哲学的人寥寥无几。"有思想的人少之又少，而他们是不会想到去扰乱世界的。"[3] 但是，他被牛顿的学说所吸引，开始在自己的著作中传播"牛氏学说"——大众科学和神话编造。他讲述了苹果的故事，他是从牛顿的外甥女那里听说的。"无限的迷宫和深渊是牛顿开启的又一段新旅程，而他为我们提供了寻找道路的线索。"很多法国人（无论学识渊博与否）抱怨牛顿用神秘的吸引力代替了他们所熟悉的脉冲，伏尔泰为牛顿做出了辩护。他模仿牛顿的口吻捣鼓出一个回复：

你们对推动并不比对引力更懂，而如果你们不理解为什么一个物体趋向另一个物体的中心，那么你们就想象不到为什么一个物体会推动另一个物体……我发现了一个物

质的新特性，发现了造物主的秘密之一。我计算了它，并
证明了它的诸般作用。人们应当为我给它起的名字而挑剔
我吗？[4]

英格兰和欧洲的其他牛顿传记作者对其各种个人细节
做了记录。这位伟人视力清晰，只掉过一颗牙齿；他满头
白发；他保持着温和而谦逊的态度，喜静不喜闹；他从来不
笑，除了一次在别人问到阅读欧几里得在生活中有什么用
时，"艾萨克·牛顿爵士对此感到非常高兴"。他死于膀胱
结石，死前经历了数小时的痛苦，满头大汗，但他从未哭
泣或抱怨过。[5]

在英格兰，新近流行的公报在乡间引起了人们的好奇，
牛顿的死在长达数十年里引发了爱国诗歌和抒情诗歌的大
量涌现。毕竟，他是研究光的哲学家。挽歌作者们似乎将
他在棱镜中发现的所有颜色都归功于他：火红色、茶橘色、
深靛蓝。理查德·洛瓦特在 1733 年创作的《淑女日记》
(*Ladies Diary*) 中写了一首诗：

……伟大的牛顿为他的神秘艺术
奠下基础……
大不列颠的子孙们将热切期盼他的工作继续下去。

借助非同寻常的定理，他可以追踪月亮，

它真实的运动无处不呈现。[6]

英雄——英格兰的英雄，新式的英雄，他挥舞的不是宝剑，而是"非同寻常的定理"。知识与力量之间的联结就此形成。并非所有形式的知识都平起平坐:《绅士杂志》曾抱怨学校"灌输的两门主要知识是法语和舞蹈"，却以愉快的口吻报道，一枚纪念牛顿的勋章被铸在伦敦塔上。[7] 更多赞美牛顿的诗歌接踵而来，崇拜者只需用两行字就能献上一首赞歌:

牛顿不再需要——无言悲痛的致敬:

他安葬于此，他的世界宣告了安息。[8]

亚历山大·蒲柏的对句更为受人欢迎:

自然和自然律隐藏在黑暗中;

上帝说，要有牛顿! 就全都有了光。[9]

在书面文字乏力之处，牛顿在公共讲座和巡回演示上展露了头角。牛顿提出了能够加以验证的主张。通过计算，他表示地球是扁圆形的，在赤道位置更宽，这与笛卡儿的椭圆形地球说相反。1733 年，法国科学院提议解决这一问题，并派出两支探险队带着象限仪、望远镜和 20 英尺长的木杆分别向北奔赴拉普兰，向南奔赴秘鲁。当两队人马在十年后返回时，他们带回了印证牛顿观点的测量数据。对恒星和行星的了解就像风一样，为国家的舰船提供了动力。哈雷做出表率，证明了相信牛顿的学说意味着什么。他做出了戏剧般的公开预言，计算某颗彗星的路径，并预测它每七十六年会返回一次；这一预测本身在被证实之前的很长一段时间里令英格兰人既激动又困惑。哈雷在 1715 年预测了日全食，方法是绘制了一张月球阴影在何时何地经过英格兰的日全食带地图。皇家学会成员在指定时间聚集在庭院里和屋顶上，在晴朗的天空下，他们看到了不合时令的夜幕忽然而至，日冕光华耀眼，张皇的猫头鹰飞向天空。他们就这样被一位天文学家对天体奇观的预测折服，并因此打消了自己的恐惧。[10]

在牛顿学说发展成为一种新的正统学说时，它就成了众矢之的。它在一些以类似于《对牛顿哲学的评论：伪数学证明的谬误之处，那些作者依据这些谬误来支持哲学无疑是一目了然之观点——而数学和物理都充分证明哲学本身是错误和荒谬的》[11]为题的文章中不断遭到反驳。它成了讽刺作品的灵感之源，一些作品是蓄意而为的，另一些则表达了天真的敬意。一位改信牛顿学说的人士，大吉林汉姆的牧师，写了一篇名为《基督教神学的数学原理》（"Theologiæ Christianæ Principia Mathematica"）的论文，计算出福音书的反证概率随时间的推移降低，并将在3144年降为零。维也纳医生弗朗茨·梅斯梅尔"发现了"动物磁性或动物引力，即一种（他声称）基于牛顿原理的治疗原理。他以自己的名字命名了这一治疗原理：梅斯梅尔术（Mesmerism，即催眠术）。

但当时的英语中还没有"牛顿学说"这个词。[12] 在意大利，出现了一本名为《女士用牛顿学说》（*Il Newtonianismo per le Dame*）的小册子，这本小册子很快被译成法文，之后被译成英文，名为《艾萨克·牛顿爵士的哲学——为女士使用而写》（*Sir Isaac Newton's Philosophy Explain'd for the Use of the Ladies*），内容是六段对话，语气生动而豪迈。它用平方反比定律来计算异地恋人之间的吸引力。我们的哲学家终归还是挥舞起宝剑："于是，艾萨克·牛顿爵士，虚构系统的公敌，因哲学真意而有恩于你之人，一口气砍掉了复活的笛卡儿九头蛇的两个最重要的脑袋。"[13]

这种英勇的文风很快就不再时兴。现在，诗人不再赞美牛顿，但他们可以热爱他或他的传奇。伊丽莎白·索科洛直言不讳道：

> 也许他编造了苹果的故事，也许没有。
> 我知道他是如何在一生中
> 渴望找到似乎并不存在的力，
> 但那个力发挥了作用，且精准无误。[14]

在几个世纪之间，诗人们怀疑他，甚至把他妖魔化——他精明的头脑，他冷冰冰的理性，他对"他们"所拥奥秘的抢掠。因此，牛顿是被他的敌人和他的朋友共同塑造而成的。

1817 年 12 月一个阴冷的夜晚，济慈和华兹华斯应邀参加浪漫主义画家本杰明·海登在画室里举行的晚宴。[15] 海登向他们展示了自己尚未完成的大幅油画——《基督进入耶路撒冷》。在簇拥着基督的追随者中，他画了牛顿的面孔。济慈为此揶揄了海登，而且语带讥讽地说了祝酒词："为牛顿的健康干杯，祝他的数学陷于混乱。"牛顿用棱镜分解了七彩虹色。他把自然归纳为哲学，他让知识成为一种"常见事物的沉闷目录"，他曾试图"用规则和线条约束所有的奥秘"。[16] 雪莱抱怨牛顿：

> 那些在无限中闪耀的巨大的星球
>
> 他只看作一些金箔银箔的玩意儿
>
> 悬挂在天顶，为他故乡的午夜照亮！[17]

他无法认识到，正是牛顿使得星星成长为全能的球体。华兹华斯对牛顿的印象也是冷酷而威严的。他在三一学院看到一尊月光下的雕像：

> 牛顿手持棱镜，面色沉静，
>
> 大理石永久铭刻着一颗心灵
>
> 徜徉在思想的未知大海，曲高和寡。[18]

最讨厌牛顿的人要数神话编造者威廉·布莱克，他是诗人、雕刻家和梦想家。布莱克生来就讨厌牛顿。他既讨厌牛顿，又尊敬牛顿。在描绘牛顿时，布莱克将他画成一个半神半人、全身赤裸、肌肉发达、有着一头金发和灵巧双手的形象。但他也看到一个与想象力为敌的人：立法者和镇压者——"这黑色的强力隐藏在无人知道、抽象沉思的神秘之中"。[19] 像莱布尼兹和信奉笛卡儿学说的人一样，布莱克也害怕牛顿的真空；但他们的不同是，他相信真空的存在："这个可恶的虚空，这个让灵魂战栗的真空。"他责备牛顿的完美和严密，他责备牛顿作为追求真理之人的成

功。"上帝禁止将真理限制在数学演示的范畴之内。"[20] 他
责备牛顿通过抽象和概括背离了个例，他责备牛顿将理智
置于想象之上，并责备牛顿以怀疑的方式获得知识：

> 理性说，奇迹；牛顿说，怀疑
>
> 对，那就是理解整个自然的方式
>
> 怀疑，怀疑，没有经验过的人就别信。[21]

威廉·布莱克描绘的牛顿，1795 年

　　他责备牛顿在伊甸园的黯然失色、工业化和机械化中

扮演的角色（浪漫派开始意识到这一点），浓烟滚滚的工厂
令天空变得暗淡。"牛顿的水车"，黑暗邪恶的机器。布莱
克喊道：

> 牛顿的水车，
>
> 我所看到的许多齿轮，没有齿轮的齿轮，只有暴虐的
> 齿轮，
>
> 相互强迫着转动，不像在伊甸园中的那些，
>
> 齿轮套着齿轮，自由地转动，和谐而平静。[22]

牛顿带来了一些东西，又带走了一些东西。他带来了
一种秩序、安全与合法性的观念。《美国独立宣言》通过洛
克找到了牛顿学说，并通过在开篇第一句中引用自然法则
将其抛回给了英国人。牛顿带来了无限空间，却带走了丰
饶，因为跟随无限而来的是虚空。他带走了神秘，而对一
些人而言，这意味着虔敬。一个特定的宇宙也是一个神之
旨意的宇宙。

这个诗人笔下的牛顿，由神话而造。没人尝试去阅读
牛顿身后汗牛充栋的论文。这些手稿、关于计算和猜想的
零散草稿和残篇，全都在英国贵族的私人收藏室里躺了几
个世代。反三位一体的异说谣传开来，但仍是未解的奥秘。

直到过去了整整一个世纪，才有人尝试撰写一本真正的牛顿传记：虔诚的大卫·布鲁斯特在 1831 年对牛顿的天才献上了崇高的致敬，他强调了牛顿的朴素、谦逊和仁慈。尽管看过一些令人不安的手稿，但他仍然坚定地宣称："没有理由认为艾萨克·牛顿爵士是炼金术学说的信徒。"[23]

布鲁斯特对苹果的故事也持观望态度，尽管他听说过这个故事，还到伍尔索普去看过那棵依然健在的苹果树。它留在那里是为了让诗人们能够确保苹果在牛顿的传奇中占有一席之地。他们知道苹果的古老吸引力：罪过与知识，知识与灵感。拜伦写道：

> 人和苹果一同堕落，又和苹果一齐复兴，
> 因为应该承认，在那蛮荒的天穹，
> 牛顿能在星球之间开辟路径，
> 真不知抵消了人间多少苦痛；
> 而那以后，不朽的人就发明
> 各种造福于人的机器，而且不久
> 将会有蒸汽机将他送上月球。[24]

成功孕育了信心。定律风头无两。牛顿的追随者和后继者创造了一种比他自己的牛顿学说更完美的牛顿学说，

力图达到理性决定论的极致。在大革命后的法国，皮埃尔 –
西蒙·德·拉普拉斯用一种适合现代场论（将变化率作为梯
度和势）的方式重新阐释了牛顿的机械论，然后开始追寻另
一种贤者之石。他设想了一种超级智力，即一台完美的计
算器，装备有代表万物在某一刻之位置和力的数据。它只
需应用牛顿的定律："这样一种智力能够以相同的公式将宇
宙中最大物体和最轻原子的运动收入囊中。没有什么会是
不确定的，未来就像过去，将被呈现在它的眼前。"

　　哲学家们不再声称牛顿是他们中的一员。哲学吸收了
牛顿的思想，从康德开始，后者使得德国的思潮仰赖于莱
布尼茨及其推理链、有神论证、话语圈。康德认为科学极
为成功，是始于经验的知识。他把空间和时间引入认识论
中；将空间视作量，空或不空；将时间视作另一种无限；两
者都外在于我们自身，永恒且自存。为了探求我们如何知
晓任何事物，就得从我们对这些绝对者的了解开始。但后
来，牛顿在哲学家眼中成了一个奇特而有趣的人物。当
埃德温·阿瑟·伯特在 1924 年撰写《近代物理科学的形而
上学基础》时，他首先将这些基础归功于牛顿，然后毫无
讽刺之意地说道："在科学发现和设计上，牛顿是一位了不
起的天才；但作为一位哲学家，他缺乏批判力、粗糙、不

一致，甚至可以说是一位二流哲学家。"他顺便补充道："毫无疑问，几个世纪的形而上学愚昧拥有现代科学是值得的。" [25]

《原理》成了分岔口：从那时起，科学和哲学走上了不同的道路。牛顿移除掉形而上学领域中很多关于事物本质（关于存在之物）的问题，并将这些问题归于一个新的领域——物理学。他宣称："准备正在进行中，我们可以更加安全地辩论。" [26] 同时这也更不安全了：通过以数学的方式对待科学，他让科学事实和主张被证明是错误的成为可能。[27] 这个受人诟病之处也是其优势所在。到了 19 世纪初，乔治·居维叶羡慕地问道："自然的历史有一天难道不应该也拥有属于它的牛顿吗？"到了 20 世纪初，社会科学家、经济学家，还有生物学家，也都渴望拥有属于他们的牛顿——或是牛顿学说完美的无法实现的蜃景。[28]

科学似乎拒绝了那个同样的完美：绝对者和决定论。爱因斯坦的相对论似乎是对绝对空间和时间的革命性攻击。他发现，运动会扭曲时间的流变和空间的几何形状。引力不仅是一种难以言喻的力，而且还是一种空–时本身的曲率。质量，也同样需要重新定义，它变得可以与能量相互转化。[29]乔治·萧伯纳通过广播向听众宣称，牛顿学说曾是一种宗教，而此时，它已经"分崩离析，并被爱因斯坦的宇宙所替代"。[30]库恩在宣布其著名的科学革命理论时说，爱因斯坦已经令科学回归到"那些更像是牛顿的前辈而非后继者"的问题和信仰上。[31]而这些，也是神话。

在进行研究或阅读之前，我们就已经以牛顿的模式理解了空间和时间、力和质量。爱因斯坦的确动摇了牛顿紧紧仰赖的空－时，但他依然活在牛顿的空－时之中：就其几何严密性和我们所看到和感到的世界的独立性而言是绝对的。他愉快地挥舞着牛顿锻造的种种工具。爱因斯坦的理论并非日常的或心理学的相对论。[32]他在 1919 年曾说过："不可认为牛顿的伟大成就真的可以被这种或其他任何一种理论所替代。他伟大而清晰的思想将作为自然哲学领域中我们整个现代概念结构的基础而得以永葆其独一无二的意义。"[33]爱因斯坦及其追随者归还给科学的观察者与牛顿移除的观察者几乎没有相似之处。那个中世纪的观察者是粗心的和含糊的。时间是无数昨天和今天的累积，有慢有快，没有什么是可以测量或仰赖的。时间和空间首先需要摆脱束缚——成为绝对的、真实的和数学的：普通人在设想这些量时没有任何其他概念可以仰赖，而只能从他们与可感知物体所具有的关系出发。可感知意味着粗略——仅能显示小时数的木制量尺和钟表。由此出现某些偏见，而将它们划分为绝对的和相对的、真实的和表象的、数学的和普通的，就会便于消除这些偏见。以太阳的连续南进所测量的白天在长度上产生了变化，哲学需要的是一种不受限的测量方式。在创造物理学时，提炼出时间和空间的纯粹意义不仅是便利的，也是必要的。即便如此，牛顿还是为此后三个世纪的相对论者留下了缺口。他写道："或许没有可以精确测量时间的均衡运动。或许没有真正静止的物体，其他物体的位置和运动可以将它作为参考。"[34]

牛顿对光微粒说的坚持并没有催生出现代量子理论，即便在某种意义上它被证明是正确的。是爱因斯坦发现了质量与能量等价，但牛顿仍然曾怀疑过它们的有机统一："难道大物体和光之间不是可以互相转换的吗？物质不是可以由进入其结构中的光粒子得到主要的动力吗？"[35] 他从没提到过力"场"，但场论诞生于他的引力和磁力围绕某一中心分布的观点："一如整个物体趋向一个中心的努力……一如某种效力，自中心通过周围的每个位置扩散。"[36] 牛顿还通过剔除物质凝聚的其他解释预见了亚原子力的存在："某些东西创造了勾连的原子，而这正是问题所在。"让其他人诉诸隐秘的性质。"我宁可从它们的凝聚做出推断，它们的粒子因某种力而相互吸引，这种力在直接接触中极为强大。"[37] 据他推测，这种力（与引力、磁力和电不相关联的另一种力）可能仅在最小距离上普遍存在。

无限、虚空、定律必定持续——这些既非风尚，也非不可逆转。我们吸收了牛顿所学的精髓。一些通用的原理引出了事物无数的属性和作用。宇宙的组成部分和定律在任何地方都是一样的。[38]

没有人会比现代科学家更能感受到从过去隐现而出的牛顿遗产的负重。一种担心令他的后人们烦恼不已：牛顿可能太过成功，其方法的力量赋予了他们过多的权威。他为天体力学给出的解答如此周全、如此精确——科学家们不禁四处寻找同样的精确性。赫尔曼·邦迪说："有人可能会对此产生一种略显顽劣的想法。他提供给我们的工具是目前层出不穷之事的根源……我们能做的可能只是追随他的脚步。我们可能在很大程度上仍然受到其特殊转变的影响……我们无法将其排除在我们的系统之外。"[39] 我们无法做到。牛顿的所学已经深入我们知道却不知如何知道之事的核心。

牛顿的手稿在 20 世纪初开始出现，当时手握大量资产却无法迅速兑现的贵族在拍卖会上出售这些手稿，于是这些手稿流散到欧洲和大西洋彼岸的藏家手中。1936 年，凯瑟琳·巴顿的后人利明顿子爵将一只金属箱送到苏富比拍卖行，箱中装有三百万字的手稿，被分成 329 件进行拍卖。竞拍者寥寥无几，[40] 但自称因这种不敬而深感不安的经济学家，剑桥人约翰·梅纳德·凯恩斯，设法在拍卖会上购得了一部分手稿，并逐步收集到超过三分之一的藏品。在文稿中的发现令他惊讶不已：炼金术士、异端神学家，牛顿并非布莱克无比鄙视的冷酷的理性论者，而是一位更为独特又非同寻常的天才。他有着一个"炽热燃烧的灵魂"。凯恩斯连同手稿一同购得的还有牛顿的死亡面具——他双目紧闭、眉头皱起。牛顿的肖像画至少有二十幅，不全都是生前画的。这些肖像画每一幅都大不相同。

"牛顿不是理性时代的第一人，"凯恩斯在三一学院一个昏暗的房间里对几个学生和同事说道，"他是最后一个魔术师，最后一个巴比伦人和苏美尔人，最后一个智者，带着与在不到一万年前开始创造我们的知识遗产之人一样的目光环顾着可见的知识世界。"[41] 传统意义上的牛顿——"理性时代的圣人与君主"，得到后来才会出现。

牛顿的死亡面具

　　牛顿隐藏了太多的东西，直到其生命的终点。尽管健康状况不断恶化，牛顿却依然笔耕不辍。其外甥女的新一任丈夫约翰·康杜特看到他在最后的日子里在几乎昏暗无光的条件下撰写了令人欲罢不能的世界历史（他写了至少十二本草稿）——《古代王国编年史修正》（*The Chronology of Ancient Kingdoms Amended*）。[42] 牛顿测算了历代国王统治时期的年表和诺亚后裔的世系表，利用天文算法确定了阿尔戈英雄航行的日期，并宣称古代王国要比人们普遍认为的晚几百年。他结合了自己对所罗门圣殿的分析，并对国王的偶像崇拜的神化做出了诸多阐述，以至于引起世人对其异端信仰的怀疑，但他最后一次隐瞒了这些想法。

在一次痛苦的痛风发作之后，牛顿在房间里和康杜特坐在火炉前讨论彗星。他说，太阳需要不断的补给；彗星肯定为它提供了补给，就像把木头扔进火里那样投喂太阳；1680 年的彗星曾经距离我们很近，而且它还会回来。他说，或许再绕轨道五六周之后，它再次接近地球时就会坠入太阳，并燃起熊熊大火将地球吞噬，地球上的所有居民都将在火焰中消亡。[43] 但是，牛顿说，这不过是猜测。

他写道："对于任何一个人，甚至任何一个时代来说，解释整个自然都是一件过于艰巨的任务。确定地解释一小部分而把剩下的留给你之后的其他人，是好得多的做法。"[44] 写有这段话的那张纸，也被牛顿遗弃了。

临终前，他拒绝了教堂的圣礼。两个医生联手也无法减轻他的痛苦。他在 1727 年 3 月 20 日星期天的清晨去世。皇家学会在星期四的日志中记录道："主席之位因艾萨克·牛顿爵士的离去而空缺，今日无会。"

他的近代祖辈曾让公证人起草遗嘱来处置他们以绵羊

为主的微薄财产。如果没有留下这样的文件，他们的名字甚至都会消失。一位早期的编年史学家在牛顿死后不久研究他的故事时，曾查考过伍尔索普教区的出生和丧葬记录，但几乎一无所获：相关信息"或遗失，或被损毁，或被抹去；皆因无人管理和保存不当"。他批评说，国家记录是"最不受重视的！……被交给一个目不识丁的教区执事，他几乎不会写字，酗酒又懒惰——这可是一国之财富和薪酬在很大程度上以为仰赖的工作"。在一只老式箱子里，一张破破烂烂的牛皮纸上在"1642 年施洗"（baptiz'd anno 1642）的标题下记录了以下信息："艾萨克，老艾萨克·牛顿和汉娜·牛顿的儿子，1 月 1 日。"[45]

在一生的八十四年中，牛顿积累了一笔财富：大多装潢成绯红色的家具、绯红色的窗帘、一张绯红色的马海毛床和绯红色的靠垫、一个钟、一包数学用具和化学玻璃器皿、几瓶葡萄酒和苹果酒、三十九枚银质纪念章及其熟石膏复制品、一间藏有近两千本书及其很多秘密手稿的宽大书房、总价值估计为 31 821 英镑的金条和金币，[46] 这可谓一笔可观的遗产。

然而，他没有留下遗嘱。

注释

1　玛乔丽·霍普·尼克尔森，《科学与想象》（*Science and Imagination*），第 115 页。

2　乔纳森·斯威夫特，《格列佛游记》（*Gulliver's Travels*），第三卷，第八章。

3　《哲学通信》，第十三封信，第 67 页。

4　《哲学通信》，第 86 页和第 79-80 页。对后世一代来说，英法之争影响了法国人对牛顿的看法。1699 年，牛顿当选巴黎皇家科学院外籍院士，但他从未承认过这一荣誉，也从未与巴黎皇家科学院进行过交流。当法国科学家指称"牛顿派"时，他们通常会说"那些英国人"。

5　贝尔纳·勒·博维耶·德·丰特内勒，《艾萨克·牛顿颂词》（*The Eloguim of Sir Isaac Newton*，伦敦：唐森，1728 年），1727 年 11 月在巴黎皇家科学院宣读；转载于 I. 伯纳德·科恩编著的《艾萨克·牛顿关于自然哲学的论文与信函》，第 444-474 页；依次根据约翰·康杜特的"备忘录"、《艾萨克·牛顿：十八世纪视角》（*Isaac Newton: Eighteenth-Century Perspectives*），第 26-34 页。（"他的脾气如此恭谦温顺……他的一生是持续不断的辛劳、耐心、宽厚、慷慨、克己、虔诚、仁善和其他所有美德之集合，没有掺杂任何不道德。"）丰特内勒还以当代的方式美化了牛顿的家世："是从男爵约翰·牛顿的长房子孙……牛顿家族拥有伍尔索普庄园已近 200 年。……艾萨克爵士的母亲……同样来自一个古老的家族……"为丰特内勒说句公道话，他依据的是牛顿在被封爵之后自己美化过的家世。

　　传闻中牛顿唯一那次笑，其说法最初来自亨弗莱·牛顿；斯塔克利（《艾萨克·牛顿爵士生平回忆录》，第 57 页）对此进行了详细考虑，并说他时常看到牛顿笑，而且"他很容易被逗笑，即使不是大笑"。

6　保罗·艾略特，《公众科学的诞生》（*The Birth of Public Science*）引述，第 77 页。

7　"……自然向他敞开怀抱，它的秘密不再对他隐藏。"《绅士杂志》第一期，（*Gentleman's Magazine* I，1731 年 2 月），第 64 页。

8　《绅士杂志》第一期（1731 年 4 月），第 157 页。

9　《墓志铭》（*Epitaphs*，1730 年）。蒲柏的诗句在 20 世纪成了人们照葫芦画瓢的对象："没过多久，魔鬼咆哮道：'嚯，要有爱因斯坦。'于是一切又回到原初。"《牛顿综合的意义》，参见亚历山大·柯瓦雷的《牛顿研究》。

10 　其中的一位观测者威廉·惠斯顿说，日食讲座和"日食前后售出的图绘"让他赚足了一年的养家费，他还说："当时恰好有一位来自的黎波里的使节在场，他起初以为我们精神失常了，个个都装作知道全能神在某个准确的时间将令太阳黯然失色；这是他的神明无法做到的……当日食在我们预测的时间准时发生时，他再次被问到现在对此有何看法？他回答说，他以为我们是通过魔术知道的。"《回忆录》，第 205 页。

11 　乔治·戈登（伦敦：W. W. ，1719 年）。

12 　直到 1890 年才有了这个词，如果我们相信《牛津英语词典》所述的话，而它的首次出现带有贬义："1890 年《雅典娜》（*The Athenæum*）杂志 7 月 19 日 92/2 期 [Mercier] 宣称牛顿学说是'源自人类想象的最为荒谬的科学怪谈'。"

13 　《艾萨克·牛顿爵士的哲学——为女士使用而写》（伦敦：E. Cave，1739 年），第 231 页。

14 　伊丽莎白·索科洛，《关于牛顿和苹果》（"Of Newton and the Apple"），《嗤笑引力》（*Laughing at Gravity*），第 7 页。

15 　海登的《自传》（*Autobiography*，1853 年），玛乔丽·霍普·尼克尔森。《牛顿需要缪斯》（*Newton Demands the Muse*）引述，第 1 页；佩内洛普－修斯–哈雷特，《不朽的晚餐：1817 年伦敦文学界天才与欢笑的著名一夜》（*The Immortal Dinner: A Famous Evening of Genius and Laughter in Literary London, 1817*）（伦敦：Viking，2000 年）。

16 　济慈，《拉米亚》（*Lamia*）。

17 　雪莱，《麦布女王》（*Queen Mab*），V: 143–145。雪莱认真阅读了牛顿的著作，并拥有自己的见解。"我们看到拥有各种力量的各种物体：我们只知道它们的作用；关于它们的本质和成因，我们却一无所知。牛顿把这些称为事物的现象，但哲学的傲慢就在于不愿承认自己对它们成因的一无所知。"《麦布女王笔记》（*Notes to Queen Mab*），VII。

18 　华兹华斯，《序曲》（*The Prelude*），III。

19 　布莱克，《乌里森之书》（*The Book of Urizen*），I。

20 　布莱克，《约书亚·雷诺兹爵士作品的注释》（"Annotations to the works of Sir Joshua Reynolds"）。

21 　布莱克，《论圣母玛利亚与乔安娜·索斯科特的童真》（"On the Virginity of the Virgin Mary & Johanna Southcott"）〔《讽刺诗及短诗》（*Satiric Verses & Epigrams*）〕。以及《教诲怀疑与实验必定不是基督之意》（"To teach doubt & Experiment / Certainly was not what Christ meant"），《永恒

的福音》(*The Everlasting Gospel*)。

22 布莱克,《耶路撒冷》(*Jerusalem*),第一章。

23 布鲁斯特,《艾萨克·牛顿爵士的一生》,第 271 页。

24 拜伦,《唐璜》(*Don Juan*),第 10 章。

25 E. A. 伯特,《近代物理科学的形而上学基础》(*The Metaphysical Foundations of Modern Physical Science*),第 203 页,第 303 页。

26 《原理》英文版,安德鲁·莫特,第 192 页。

27 正如克利福德·特鲁斯德尔所说的〔《巴洛克晚期力学对牛顿〈原理〉中成功、猜想、错误和失败的反应》("Reactions of Late Baroque Mechanics to Success, Conjecture, Error, and Failure in Newton's *Principia*")参见罗伯特·帕尔特的《奇迹之年》,第 192 页〕:"牛顿放弃了赋予非数学哲学家、化学家、心理学家等的外交豁免权,并进入一个错误就是错误、即便是牛顿的错误也如此的领域;实际上,正因为是牛顿的错误才越发如此。"

28 I. 伯纳德·科恩,《科学中的革命》,第 174-175 页。

29 斯蒂芬·温伯格,《托马斯·库恩的非革命》("The Non-Revolution of Thomas Kuhn"),参见《仰望苍穹》(*Facing Up*),第 197 页:"库恩非常清楚,今天的物理学家仍在继续使用牛顿关于引力和运动的理论……我们不会认为牛顿和麦克斯韦的理论仅仅是错误的,就像认为亚里士多德的运动理论或火是一种元素的理论是错误的那样。"

30 帕特丽西雅·法拉,《牛顿:天才的形成》(*Newton: The Making of Genius*)引述,第 256 页。

31 托马斯·库恩,《科学革命的结构》(*Structure of Scientific Revolutions*),第 108 页。

32 因此,爱因斯坦的空–时并非莱布尼茨和其他当代反牛顿学说者的空–时。正如 H. G. 亚历山大所指出的,莱布尼茨对绝对空间和时间的批评绝非是对爱因斯坦空–时理论的预见:"莱布尼茨的基本假定是,空间和时间是虚构的。因此,没有人会比他更强烈地拒绝一种赋予空–时以各种特性的理论。"《莱布尼茨与克拉克论战书信集》(*The Leibniz-Clarke Correspondence*),引言,第 lv 页。或是像霍华德·斯坦所说的:"尽管绝对空间和绝对时间已被摒弃,而空–时的几何结构已被证明是与物质的分布相互依存的……但仍有必要认为空–时及其几何形状具有与物质一样的'真实'状态……就这总体的一点(虽然并不详尽)而言,在我们的科学看来,牛顿将空间和时间视作基本要素是'正确的'。"《牛顿的形而上学》,参见 I. 伯纳德·科恩和乔治·E. 史密斯,《剑桥牛顿指南》,

第 292 页。

33　爱因斯坦，《什么是相对论?》（"What Is the Theory of Relativity?"），伦敦《泰晤士报》，1919 年 11 月 28 日，转载于《爱因斯坦晚年文集》（*Out of My Later Years*），第 58a 页。而就如他在几年后（1927 年）所说的："我们必须承认，在牛顿之前不存在任何自成一体的自然法则因果律，它能够以某种方式描述经验世界任何更深层次的特征。"爱因斯坦，《牛顿力学及其对理论物理发展的影响》（"The Mechanics of Newton and Their Influence on the Development of Theoretical Physics"），参见《想法和意见》（*Ideas and Opinions*），第 277 页。

34　《原理》英文版，安德鲁·莫特，第 8 页。

35　《光学》，第 374 页。

36　《原理》，第 407 页。

37　《光学》，第 388-389 页。

38　即便是这里，牛顿在确立科学的这一基本判定时也没有排除其他的可能性。他的继承者和追随者都忘记了，但他写道："我们也可以认为上帝能够创造不同大小和不同形状的物质微粒，它们同空间有各种比例，或许还有不同的密度和力，从而出现不同的自然定律，并在宇宙各个不同的部分创造出不同的世界。在这些方面，至少我看不出任何矛盾之处。"《光学》，第 403-404 页。

39　《牛顿与二十世纪之个人观点》，参见约翰·福威勒等人编著的《要有牛顿!》，第 244 页。

40　斯科特·曼德布洛特说："此中原因难以理解，但可能与国际形势有关，因为剑桥大学已经拥有了牛顿的所有重要手稿，而已经充斥着牛顿书房图书的市场则疲态尽露，甚至还有对利明顿勋爵右翼政治观点的不安。"《狮子的爪印》，第 137 页。

整场拍卖会的总成交额仅为 9000 英镑，包括牛顿的两幅肖像画和死亡面具。大部分购买意向和售前宣传来自美国。P. E. 斯帕戈，《苏富比、凯恩斯与耶胡达：1936 年牛顿手稿拍卖会》（"Sotheby's, Keynes, and Yahuda: The 1936 Sale of Newton's Manuscripts"），参见 P. M. 哈曼和艾伦·E. 夏皮罗的《困难之事的调查》，第 115-134 页。

41　约翰·梅纳德·凯恩斯，《牛顿其人》，参见《皇家学会：牛顿诞生三百周年纪念》，第 27 页。当时在场的弗里曼·戴森在《宇宙波澜：科技与人类前途的自省》（*Disturbing the Universe*，纽约：Harper & Row，1979 年，第 8-9 页）中记述了凯恩斯的讲话。

42　这本由康杜特编辑的著作在牛顿去世后的第二年成为他（《原理》和

《光学》之后）最早发表的作品之一。在现代人看来，就像韦斯特福尔悲切宣告的那样，这是"一部极其乏味的作品……在今天，只有零星必得经由炼狱洗清自己罪孽的人才会去读"。韦斯特福尔，《永不止息》，第815页。

43　Keynes MS 130.11；布鲁斯特，《艾萨克·牛顿爵士的一生》，第324页。

44　《哲学原理》，手稿残篇（c. 1703），Add MS 3970.3。

45　威廉·斯塔克利，《艾萨克·牛顿爵士生平回忆录》，第25-26页。

46　遗产目录，"Dom Isaaci Newton, Mil."，标注日期为1727年5月5日，参见理查德·德·维拉米尔的《牛顿其人》，第49-61页。

说　明

关于日期。在本书所讲述的那个年代，英国历法比欧洲大部分地区的历法都要晚，最早晚 10 天，后来晚 11 天。日期上我采用的是英国历法。在当时的英国，新年的第一天是 3 月 25 日，而不是 1 月 1 日。因此，当牛顿在 3 月 20 日去世时，那一年按照英国历法是 1726 年，而按照其他地方的历法则是 1727 年。不合时宜的观点认为那是 1727 年，所以年份上我采用了现代的纪年法。

关于语言。在大多数情况下，我保留了原始资料中的拼写方式和风格。但在牛顿（及其他人）使用了缩写的地方，比如"y^e""w^{ch}""y^t"等，为了方便读者阅读，我采用了现代英语的书写方式。

致 谢

　　我力图让本书能够尽可能完整地重现那个年代的样貌和相关的文献资料。从牛顿去世那天开始，他的手稿在三百多年间散落各处，这种情况直到近期才得到扭转。今天，牛顿的很多手稿依然散落各处，但剑桥大学图书馆收集到很多核心资料，其中包括牛顿自己加注的大部分藏书。衷心感谢亚当·J. 珀金斯和其他一些人对我的鼎力相助。本书中引用的文献按照剑桥大学 ADD MS（附加手稿）和 Keynes MS（国王学院凯恩斯收藏）的编码方法来标注。感谢伦敦皇家学会档案馆的乔安娜·科登、耶路撒冷犹太国家与大学图书馆（Yehuda MS）的拉斐尔·韦瑟、纽约摩根图书馆的西尔维·梅里安和他们的同事，我还要感谢伍尔索普庄园的国家信托管理员提供的帮助和资料。

　　在指导、评价和校对方面，我要特别感谢詹姆斯·阿特拉斯、辛西娅·克罗森、彼得·加里森、斯科特·曼德布洛特、埃斯特·斯科尔、克雷格·汤森德和乔纳森·魏纳，还有我的代理人迈克尔·卡莱尔。我尤其要感谢本书的责编丹·弗兰克。

人名对照表

A

约翰·阿布斯诺特 John Arbuthnot
托马斯·阿奎纳 Thomas Aquinas
詹姆斯·阿特拉斯 James Atlas
埃德加国王 King Edgar
迈克尔·埃尔斯 Michael Ayers
玛格丽特·埃斯皮纳斯 Margaret'
Espinasse
艾利斯 Ellis
保罗·艾略特 Paul Elliott
拉尔夫·W. V. 艾略特 Ralph W. V.
Elliott
汉娜·艾斯库 Hannah Ayscough
威廉·艾斯库 William Ayscough
E. N. 达·C. 安德拉德 E. N. da C.
Andrade
昂戈 Ango

约翰·奥布里 John Aubrey
玛尔塔·奥恩斯坦 Martha Ornstein
休·奥尔德卡斯尔 Hugh Oldcastle
海因里希·奥尔登堡 Heinrich Oldenburg
威廉·奥特雷德 William Oughtred

B

凯瑟琳·巴顿 Catherine Barton
泽夫·巴赫勒 Zev Bechler
艾萨克·巴罗 Isaac Barrow
塞缪尔·巴特勒 Samuel Butler
约翰·班扬 John Bunyan
赫尔曼·邦迪 Hermann Bondi
W. W. 鲁兹·鲍尔 W. W. Rouse Ball
弗兰西斯·贝利 Francis Baily
约翰·贝特 John Bate
比德 Bede
罗伯特·玻意耳 Robert Boyle

杰里米・格雷 Jeremy Gray
大卫・格雷戈里 David Gregory
弗朗西斯・格雷格里 Francis Gregory
詹姆斯・格雷果里 James Gregory
弗朗西斯科・马里亚・格里马尔迪
Francesco Maria Grimaldi
莱缪尔・格列佛 Lemuel Gulliver
W. J. 格林斯特里特 W. J. Greenstreet
大卫・古德斯坦 David Goodstein
朱迪斯・R. 古德斯坦 Judith R.
Goodstein

H

R. P. 哈迪 R. P. Hardie
埃德蒙・哈雷 Edmond Halley
约翰・哈里森 John Harrison
哈利法克斯伯爵 Earl of Halifax
凯斯・哈奇森 Keith Hutchison
本杰明・海登 Benjamin Haydon
J. L. 海尔布伦 J. L. Heilbron
卡斯柏・海克夫特 Casper Hakfoort
简・豪斯登 Jane Housden
贺拉斯 Horace
鲁本・赫什 Reuben Hersh
约翰・赫维尔 John Herivel
亨里克斯 Henricus
罗伯特・胡克 Robert Hooke
华兹华斯 Wordsworth

林恩・汤森德・怀特 Lynn Townsend
White
阿尔弗雷德・诺思・怀特海 Alfred
North Whitehead
德瑞克・托马斯・怀特赛德 Derek
Thomas Whiteside
克里斯蒂安・惠更斯 Christiaan Huygens
威廉・惠斯顿 William Whiston
杰里米・惠特克 Jeremy Whitaker
托马斯・霍布斯 Thomas Hobbes
A. 鲁波特・霍尔 A. Rupert Hall
玛丽・博厄斯・霍尔 Marie Boas Hall
弗朗西斯・霍克斯比 Francis Hauksbee
朱利安・霍皮特 Julian Hoppit

J

约翰・基尔 John Keill
阿塔纳修斯・基歇尔 Athanasius Kircher
济慈 Keats
丹尼尔・加伯 Daniel Garber
加莱 Gallet
彼得・加里森 Peter Galison
德里克・杰特森 Derek Gjertsen
乔治・居维叶 Georges Cuvier

K

迈克尔・卡莱尔 Michael Carlisle

斯科特·曼德布洛特 Scott Mandelbrote

弗兰克·E. 曼努埃尔 Frank E. Manuel

西尔维·梅里安 Sylvie Merian

弗朗茨·梅斯梅尔 Franz Mesmer

雷蒙·德·蒙莫尔 Rémond de Montmort

查尔斯·蒙塔古 Charles Montague

弥尔顿 Milton

J. R. 米尔顿 J. R. Milton

米灵顿 Millington

亨利·摩尔 Henry More

罗伯特·莫顿 Robert Merton

安德鲁·莫特 Andrew Motte

尼古拉斯·墨卡托 Nicholas Mercator

罗伯特·K. 默顿 Robert K. Merton

N

迈克尔·瑙恩博格 Michael Nauenberg

玛乔丽·霍普·尼克尔森 Marjorie Hope Nicolson

艾萨克·牛顿 Isaac Newton

亨弗莱·牛顿 Humphrey Newton

罗伯特·牛顿 Robert Newton

P

伊尼亚斯·帕尔迪 Ignace Pardies

罗伯特·帕尔特 Robert Palter

C. A. 庞茨 C. A. Pounds

托马斯·佩利特 Thomas Pellett

塞缪尔·佩皮斯 Samuel Pepys

威廉·配第爵士 Sir. William Petty

蓬蒂奥 Ponthio

玛丽·皮特曼 Mary Pitman

亚当·J. 珀金斯 Adam J. Perkins

亚历山大·蒲柏 Alexander Pope

本杰明·普莱恩 Benjamin Pulleyn

S

托马斯·萨鲁斯伯里 Thomas Salusbury

保罗·塞曼 Paul Theerman

塞涅卡 Seneca

圣耶柔米 St. Jerome

亨利·圣约翰 Henry St John

巴纳巴斯·史密斯 Barnabas Smith

大卫·尤金·史密斯 David Eugene Smith

乔治·E. 史密斯 George E. Smith

迪达库斯·斯代拉 Didacus Stella

弗兰斯·凡·斯霍滕 Frans van Schooten

埃斯特·斯科尔 Esther Schor

P. E. 斯帕戈 P. E. Spargo

彼得·斯帕戈 Peter Spargo

托马斯·斯普拉特 Thomas Sprat

威廉·斯塔克利 William Stukeley

霍华德·斯坦 Howard Stein

D. J. 斯特罗伊克 D. J. Struik

Y

H. G. 亚历山大 H. G. Alexander

约翰·伊夫林 John Evelyn

亚德里安·约翰斯 Adrian Johns

L. W. 约翰逊 L. W. Johnson

Z

芝诺 Zeno

版 权 声 明